8851

NOTICE

DES PRINCIPAUX ARTICLES

DES LIVRES

DE LA BIBLIOTHEQUE

DE FEU

M. MOUCHARD,

RECEVEUR GÉNÉRAL DES FINANCES;

Dont la Vente se fera en sa maison, rue Montmartre, presque vis-à-vis celle Saint-Joseph, le Mercredi 12 Février 1783 & jours suivans, 3 heures de relevée.

À PARIS,

Chez De Bure, fils aîné, Libraire, Quai des Augustins, près de la rue Pavée.

M. DCC. LXXXIII.

AVERTISSEMENT.

LE peu de tems que nous avons eu ne
nous a pas permis de faire le Catalogue
des Livres de cette Bibliothèque comme
nous l'aurions defiré. On trouvera dans
cette Notice, que nous avons détaillée le
plus qu'il nous a été poffible, des articles
très - intéreffans, tels que les fuivans :
Œuvres complettes de Voltaire, 30 vol.
in - 4. m. r. Elémens de Botanique de
Tournefort, 3 vol. in-8. Hiftoire Naturelle de M. de Buffon, 21 vol. in-4. m. r.
Hiftoire des Oifeaux, par le même,
in-fol. figures coloriées ; & autres fuperbes Livres d'Hiftoire Naturelle, colo-
riés. Des Recueils de Pièces très - pré-
cieux, fur l'Hiftoire de France. Les
Sermons de Portaife, de Boucher. Le

AVERTISSEMENT.

Codicille de Louis XIII. Les Soupirs de la France efclave , &c. en XV Mémoires. Des Livres d'Eftampes , d'anciennes & fuperbes Epreuves , &c. &c.

voltaire. m de de beauharnois. 250#
abregé du president henault. mv de st cevan.

catalogue de boze. mv de st cevan.

catalogue de rothelin. mv de st cevan.

NOTICE

Des principaux Articles des Livres de la Bibliotheque de feu M. MOUCHARD, Receveur-Général des Finances.

N°. I. 100 *vol. in-4. in-8. & in-12. reliés & brochés, dont :*

COLLECTION complette des Œuvres de M. de Voltaire. *Geneve*, 1768, 30 *vol. in-4. m. r.* ~ ~ 342 ⁞ 2

Abrégé chronologique de l'Hiſtoire de France, par M. le Préſident Hénault. *Paris*, 1768, 2 *vol. in 4. br.* ~ ~ ~ ~ ~ ~ 25 ⁞ 19

Bibliotheca Colbertina. *Pariſiis*, 1728, 3 *vol. in 12. v. b.* avec les prix. ~ ~ ~ ~ 6 ⁞ 6

Catalogue des Livres du Cabinet de M. de Boze. *Paris*, 1753, *in-8. v. m.* avec les prix. ~ ~ ~ 6

Catalogue des Livres de M. l'Abbé de Rothelin, par G. Martin, *Paris*, 1746, *in-8. v. m.* avec les prix. ~ ~ ~ ~ ~ ~ ~ 30

On a joint à cet Exemplaire une petite Brochure *in-8.* qui eſt rare ; elle eſt intitulée : *Obſervations*

A

& détails fur la Collection des grands & des petits Voyages, (par M. l'Abbé de Rothelin). 1742.

12 .... Bibliotheca Fayana, feu Catalogus Librorum D. du Fay, Digeſtus à G. Martin. *Pariſiis*, 1725, *in-8. v. m.* avec les prix.

12 .... Catalogue des Livres de M. (Girardot de Prefond) par M. de Bure le jeune. *Paris*, 1757, *in-8. v. m.* avec les prix.

11 .... Catalogus Librorum comitis de Hoym, digeſtus à G. Martin. *Pariſiis*, 1738, *in-8. v. m.* avec les prix.

12 .. 8 Catalogue des Livres de la Bibliotheque de M. le Duc d'Eſtrées. *Paris*, 1740, 2 *vol. in-8. v. m.* avec les prix.

On a joint à cet Exemplaire la Liſte des Livres retirés pendant la vente, ceux qui ont été obmis, le Catalogue des Cartes & des Eſtampes, avec celui des Médailles antiques & modernes.

9 .-1. Catalogue de la Bibliotheque de M. le Cardinal du Bois. *La Haye*, 1725, 4 *vol. in-8. v. f.* avec les prix.

6 ....1. Catalogue de la Bibliotheque de M. Burette, par G. Martin. *Paris*, 1748, 3 *vol. in-12. v. m.* avec les prix.

N°. II.

42 .. ℓ Brochures, Factums, Mémoires, &c.

N°. III. 71 *vol. in-4. in-8. & in-12. dont :*

16 ... Recherches & Conſidérations ſur les Finances de

catalogue des fay. mr de st cevan.

catalogue de hoymur de st cevan.

M. Botal. 9.t

M. Basle 25tt

Cinquieme. M. Basle. 8tt

histoire des navigations. Mr Deftceran.

catalogue à vendre. Mr. mercier. berquin

elemens de botanique. Mr de de villeroy. 100tt

France , par M. de Forbonnais. *Basle* , 1758 ,
2 *vol. in-4. v. m.*

Mes Rêveries , Ouvrage posthume de Maurice ,
Comte de Saxe. *Paris* , 1757, 2 *vol. in-4.*
Figures coloriées. ~ ~ ~ ~ ~ ~ -30ᵗ

Histoire de Polybe, trad. du grec, par Dom Thuil-
lier, avec les Commentaires du Chevalier Fo-
lard. *Paris* , 1727 , 6 *vol. in-4. fig. v. b.* - ~ ~ 31..2

Le nouveau Parfait Maréchal, par de Garsault. *Pa-*
ris , 1746 , *in-4. v. m.* ~ ~ ~ ~ ~ - 7.-4

Le Parfait Maréchal , par de Soleysel. *Paris*, 1744,
in-4. baf. ~ ~ ~ ~ ~ ~ ~ ..- 6..12

L'Ingénieur de Campagne , par le Chevalier de
Clairac. *Paris* , 1757 . *in-4. v. m.* ~ - ~ ~ ~ 6...2

Histoire Militaire du regne de Louis XIV , par le
Marquis de Quincy. *Paris* , 1726, 7 *vol. in-4.*
fig. v. b. ~ ~ ~ ~ ~ ~ ~ ~ ~ 24

N°. IV. 54 *vol. in-4. in-8. & in-12. dont :*

Dictionnaire des Postes , par M. Guyot. *Paris* ,
1754 , *in-4. v. m.* ~ ~ ~ ~ ~ ~ 2.

Histoire des navigations aux Terres Australes , par
M. le Préfident de Brofles. *Paris* , 1756 , 2 *vol.*
in-4. v. m. ~ ~ ~ ~ ~ ~ ~ 12.

Catalogue des Livres de MM. de Boze, de la Lande,
& le Maréchal Prince d'Ifenghien. *Paris* , 1754,
in-8. avec les prix. ~ ~ ~ ~ ~ ~ 4

Elémens de Botanique , par M. Pitton Tournefort.
Paris , *de l'Imprimerie Royale*, 1694 , 3 *vol.*
in-8. v. m. ~ ~ ~ ~ ~ ~ 852

Habillemens de plufieurs Nations , repréfentés au. 12..7

4

naturel , en 137 belles figures. *Leyde , in-4.
oblong. v. b.*

Hiſtoire naturelle , générale & particuliere , avec
la deſcription du Cabinet du Roi , par MM. de
Buffon & d'Aubenton. *Paris , de l'Imprimerie
Royale , 1749 , 21 vol. in-4. m. r. dont 4. br.*
Premiere édition.

Le Gemme Antiche figurate di Michel-Angelo
Cauſeo de la Chauſſe. *In Roma , 1700 , in-4.
v. m.*

Traité des Pierres précieuſes & de la maniere de
les employer en parure , par Poujet fils. *Paris ,
1762 , in-4. fig. v. m.*

Hiſtoire naturelle d'Oiſeaux peu communs , &
d'autres animaux qui n'ont pas été décrits , par
George Edwards. *Londres , 1751 , 7 tom. rel.
en 5 vol. in-4. v. m. dent. fig. coloriées.*

N°. V. 108. *vol. in-8. & in-12. dont :*

Voyage du Tour du Monde , trad. de l'italien de
Gemelly Carrery. *Paris , 1719 , 6 vol. in-12.
fig. v. b.*

Les Mille & une Nuit , Contes arabes , trad. par
M. Galland. *Paris , 1726 , 6 vol. in-12. v. b.*

Vie de Marie de Médicis , Princeſſe de Toſcane ,
Reine de France. *Paris , 1774 , 3 vol. in-8.*
broché.

Catalogue des Livres de feu M. Gayot. *Paris ,
1770 , in-8. v. m.* avec les prix.

Catalogue des Livres de (M. le Duc de la Valliere)
par M. Debure le jeune. *Paris , 1767 , 2 vol.
in-8.* avec les prix.

histoire doiseaux de douards. mr de st cervan.

catalogue de gayot. mr de st cervan.
catalogue de la valhière. 9tt mrme vigot. mr de st cervan

bibliographie. mr melon

Dictionnaire Typographique des Livres rares, par
M. Osmont. *Paris*, 1768, 2 *vol. in-8. v. m.* .. 13.–10ˢ

Catalogue raisonné des curiosités de la nature &
de l'art, qui composent le Cabinet de M. Da-
vila, par M. de Romé de l'Isle. *Paris*, 1767,
3 *vol. in-8. v. m.* avec les prix. .. 18

Bibliotheca Senicurtiana, à J. B. G. Musier. *Parisiis*, 1766, *in-8. v. m.* avec les prix. .. 4

Nº. VI. 108 *vol. in-8. & in-12. dont :*

Catalogue des Livres de feu M. l'Abbé d'Orléans
de Rothelin, par G. Martin. *Paris*, 1746, *in-8.*
v. m. avec les prix. .. 12....1

Bibliotheca Colbertina. *Parisiis*, *Martin*, 1728,
3 *vol. in-12.* avec les prix. .. 7....5

Catalogue des Livres de (M. Girardot de Préfond)
par M. Debure le jeune. *Paris*, 1757, *in-8.*
v. m. .. 11....19

Catalogue des Livres de la Bibliotheque de M. le
Maréchal Duc d'Estrées. *Paris*, 1740, 2 *vol.*
in-8. avec les prix. .. 8..19

Catalogue de la Bibliotheque de M. Burette, par
G. Martin. *Paris*, 1748, 3 *vol. in-12.* avec
les prix. .. 5

Bibliographie instructive, ou Traité de la connois-
sance des Livres rares, par M. de Bure le jeune.
Paris, 1763, 7 *vol. in-8.* —— Supplément à la
Bibliographie instructive, ou Catalogue de M.
Gaignat, par M. Debure le jeune. *Paris*, 1769,
2 *vol. in-8. v. m.* .. 54...192

Bibliotheca Fayana, à G. Martin. *Parisiis*, 1725,
in-8. avec les prix. .. 5..19

traité de la police. mr melon.

theatre de fagan. mr de de villeroy.
œuvres d'autreau. mr deftrevan

Testament , par Jacques Saurin. *La Haye ,
P. de Hondt* , 1738 , 6 *vol. in-fol. fig. pap. imp.
v. m. d. f. t.*

Traité de la Police, par M. de la Mare. *Paris ,
Brunet* , 1722 , 4 *vol. in-fol. v. b.* . . . . 89 - 19 ₰

Médailles fur les principaux événemens du regne
de Louis-le-Grand. *Paris , de l'Imp. Royale* ,
1723 , *in-fol. m. r.* . . . . 21 . . . 1.

Les mêmes Médailles. *Paris* , 1722 , *in-fol. m. bl.*
Avec la Préface imprimée. 25

Hiftoire Eccléfiaftique & Civile de Bretagne , par
Dom Morice. *Paris* , 1750 , 4 *vol. in-fol. v. m.* . . 18

Hiftoire générale de Dauphiné , par Nicolas Cho-
rier. *Grenoble & Lyon* , 1661 & 1672 , 2 *vol.
in-fol. v. b.* 27 2

Les Annales d'Aquitaine , par Jean Bouchet. *Poi-
tiers* , 1644 , *in-fol. v. b.* . . . . 5 . . 19

Hiftoire Civile ou Confulaire de la ville de Lyon ,
par le P. Meneftrier. *Lyon* , 1696 , *in-fol. v. b.* . . 8 . . . 1.

Hiftoire générale & particuliere de Bourgogne , par
Urbain Plancher. *Dijon* , 1739 , *in-fol.* Tom. I. . . 3 . . 10

N°. X. 145 *vol. in-4. & in-12. dont :*

Théâtre de M. Fagan. *Paris* , 1760 , 4 *vol. in-12.
v. m.* . . . . 7 . . . 15 ₰

Œuvres de M. Autreau. *Paris* , 1749 , 4 *vol. in-12.
v. éc.* . . . . 8 . . . 1 ₰

Les Vies des plus célebres & anciens Poètes Proven-
çaux. *Lyon* , 1575 , *in-12. v. m.* . . . . 6 . . . 1.

Les Vies des Hommes illuftres de la France , par M.
d'Auvigny. *Paris* , 1739 , 23 *vol. in-12. v. f.* . . 30 . . . 1

4.-.13. Recueil de différentes choſes, par M. le Marquis de Laſſay. *Lauſanne*, 1756 , 4 *vol. in-*12. *v. m.*

5.-.12. Cinq Dialogues faits à l'imitation des Anciens, (par la Mothe le Vayer). *Francfort*, 1716 , 2 *vol. in-*12. *v. b.*

14.-.14. Les Mazures de l'Abbaye Royale de l'Iſle - Barbe lez-Lyon, par le Laboureur. *Paris*, 1681, 2 *tom. rel. en* 1 *vol. in-*4. *v. b.*

4.-.. Hiſtoire des Rois , Ducs & Comtes de Bourgogne, & d'Arles, par André du Cheſne. *Paris*, 1619, 2 *vol. in-*4. *v. b.*

16.-.19 Hiſtoire de la ville de la Rochelle & du pays d'Aulnis, par M. Arcere , de l'Oratoire. *La Rochelle*, 1756 , 2 *vol. in-*4. *v. m.*

N°. XI. 160 *vol. in-*8. *& in-*12. *dont :*

21.-... Œuvres de M. l'Abbé de Saint-Réal. *Amſt*, 1740 ; 6 *vol. in-*12. *fig. v. éc.*

4.-.. Œuvres de Madame la Marquiſe de Lambert. *Paris*, 1748 , 2 *vol. in-*12. *v. m.*

12.-.. Œuvres de M. de Fontenelle. *Paris* , 1742 , 8 *vol. in-*12. *v. m.*

3.-.19 Les Penſées facétieuſes & bons Mots du fameux Bruſcambille. *Cologne* , 1741. —— L'Apothéoſe du beau Sexe. *Londres* , 1741 , 1 *vol. in-*12. *v. m.*

2.-.12 Les Œuvres du P. Rapin. *Amſt.* 1719, 3 *vol. in-*12. *v. b.*

4.-.10 Œuvres de M. de Voiture. *Paris* , 1745 , 2 *vol. in-*12. *mar. r.*

2.-.10 Recueil de Pieces galantes en proſe & en vers, de Mde.

l'étimologie desprouuerbes. mr de la bellangeraie. mr de deville voy.

les illustres prouuerbes. mr l'abbé plugpt.

le theatre des cerveaux. mr pertuis.

le chemin de dame christine. mr pertuis.

l'art de peter. M. de Courmont
l'eloge de la folie. mr de stevan.

Mde. la Comtesse de la Suze. *Trévoux*, 1725,
4 *vol. in-*12. *v. f.*

L'Etymologie ou explication des Proverbes françois, par Fleury de Ballingen. *La Haye*, 1656,
*in-*12. *v. f.* 5-19

Proverbes en Rimes, ou Rimes en Proverbes,
par M. le Duc. *Paris*, 1665, 2 *vol. in-*12.
v. b. 4...4

Les illustres Proverbes historiques, ou Recueil de
diverses questions curieuses. *Paris*, 1660,
*in-*12. *v. b.* 3

Le Théâtre des divers Cerveaux du monde. *Paris*,
1586, *in-*16. *v. f.* 6

Ménagiana, ou les bons mots & remarques cri-
tiques-historiques de M. Ménage. *Paris*, 1715,
4 *vol. in-*12. *v. b.* 7...5

Le Chemin de longue estude de Dame Cristine de
Pise. *Paris*, 1549, *in-*16. *v. m.* 8

Histoire des Rats, par M. de Montcrif. *Ratopolis*,
1737, *in-*8. *fig. v. f.* 3...f.

La Coterie des Anti-Façonniers. *Bruxelles*, 1719.
— L'Isle de la Félicité. *Babiole*, 1746. —
Histoire de la Félicité. *Amst.* 1751. —— Formu-
laire du Cérémonial en usage dans l'Ordre de la
Félicité. 1745. —— Concubitus sine Lucinâ, ou
le Plaisir sans peine. *in-*12. *v. jaspé.* 4...4

L'Art de péter, essai théori physique & méthodique.
En Westphalie, 1751, *in-*12. *v. jaspé.* 2-19

L'Eloge de la Folie, par Erasme, & trad. par M.
de Gueudeville, avec les belles figures de Hol-
bein. *Amst.* 1738, *in-*8. *v. m.* 3-1

Le même Eloge de la Folie, avec les fig. d'Eisen.
Paris, 1753, *in-*12. *v. m.* 2...15

Nᵒ. XII. 77 *vol. in-8. & in-12. dont :*

La Méthode d'étudier & d'enseigner les Lettres humaines, par le P. L. Thomassin, Prêtre de l'Oratoire. *Paris*, 1681, 3 *vol. in-8. v. b.*

Apologie pour Hérodote, par Henri Estienne, avec les remarques de M. le Duchat. *La Haye*, 1735, 3 *vol. in-8. v. ec.*

Euphormionis Lusinini sive Joannis Barclaii Satyricon. *Lugd. Batav. apud Elzevirios*, 1637, *in-12. velin.*

Essais de critique sur les écrits de M. Rollin, &c. *Amst.* 1740, *in-12. v. m.*

De la Charlatanerie des Savans, par M. Menken. *La Haye*, 1721, *in-12. v. f.*

L'Antidote d'Amour, par Jean Aubery. *Paris*, 1599, *in-12. m. r.*

De la Bonté & Mauvaistié des Femmes, par Jean de Marconville. *Paris*, 1586. — De l'Heur & Malheur de Mariage, par le même. *Paris*, 1578. *in-16. parch.*

Alphabet de l'imperfection & malice des Femmes, par Jacques Olivier. *Rouen*, 1683, *in - 12. parchemin.*

La Dispute d'une Ane contre Frere Anselme Turmeda, touchant la dignité, noblesse & prééminence de l'homme par devant les autres animaux. *Pampelune*, 1606, *in-18. parch.*

Les Récréations des Capucins, ou description historique de la vie que menent les Capucins pendant leurs récréations. *La Haye*, 1738, *in-12. v. m.*

euphormion... mr de st evan.

essais de critique. mr de st evan.

de la bonté des femmes. mr pertuis. mr de toulouse.

alphabet de la malice. ~~mr pertuis.~~ mr de toulouse.

la dispute d'unane. mr de toulouse.

les contes a rire. mr le maistre.

felibien. mr de st cevan.
histoire des larrons. mr de st cevan.
recueil de voyages. mr de st cevan.

Nouveaux Contes à rire & Aventures plaisantes ou
Récréations françoises. *Cologne*, 1722, 2 *vol.*
in-12. fig. v. m. - - - - - - - - - - - 12--2

Les Mille & un Jour, Contes persans, trad. en françois par M. Petis de la Croix. *Paris*, 1710, 5 *vol.*
in-12. v. b. - - - - - - - - - - - 5--11

Les Sultanes de Guzarate, ou les Songes des hommes
éveillés, Contes Mogols. *Paris*, 1732, 3 *vol.*
in-12. v. f. - - - - - - - - - - - 6·

N°. XIII. 150 *vol. in-4. & in-12. dont :*

Entretiens sur les Vies & sur les Ouvrages des plus
excellens Peintres, par M. Félibien. *Trévoux*,
1735, 6 *vol. in-12. v. b.* - - - - - - 7---4

Histoire générale des Larrons, par F. D. E. Lyon-
nois. *Rouen*, 1719, *in-8. v. b.* - - - - 4---43

Recueil de Voyages au Nord. *Amst.* 1715, 6 *tom.*
rel. en 8 vol. in-12. - - - - - - - 5---2

Voyage autour du Monde fait dans les années 1740
& années suiv. par George Anson, trad. de l'anglois. *Paris*, 1764, 4 *vol. in-12. fig. v. m.* - - 8---12

Histoire de la Louisiane, par M. le Page du Pratz.
Paris, 1758, 3 *vol. in-12. fig. v. m.* - - - 4--12

Les Imposteurs insignes, par J. B. de Rocoles. *Bruxel.*
1728, 2 *vol. in-12. fig. v. f.* - - - - - 7---12

Voyages du P. Labat en Espagne & en Italie. *Paris*,
1730, 5 *vol. in-12. v. m.* - - - - - - 5---12

Voyages de M. Dumont en France, en Italie, en
Allemagne, &c. *La Haye*, 1699, 4 *vol. in-12.*
fig. v. m. - - - - - - - - - - - 6---1

Les Rivieres de France, par le sieur Coulon. *Paris*,
1644, *in-8. parch.* - - - - - - - - 5--12

12..1.º Recueil des Lettres de Madame la Marquise de Sé-
vigné. *Paris*, 1738, *7 vol. in-12. v. m.*

3...3. Lettres de M. Bayle, publiées sur les originaux,
avec des remarques par M. des Maizeaux. *Amst.*
1729, *3 vol. in-12. veau jaspé.*

Nº. XIV. 41 *vol. in-fol. dont :*

660.. Dictionnaire raisonné des Sciences, des Arts &
des Métiers, par MM. Diderot & d'Alembert.
Paris, 1751, *35 vol. in-fol.* dont 17 rel.és. *v. m.*
Edition de Paris.

18..14 Dictionnaire universel de Commerce, par Savary.
Paris, *Estienne*, 1733, *3 vol. in-fol.*

Nº. XV. 169 *vol. in-4. & in-12.*

4...2. La Vie de Madame J. M. B. de la Mothe Guion,
écrite par elle-même. *Cologne*, 1720, *3 vol.
in-8.*

1...15 Mélanges historiques, ou Recueil de plusieurs Actes,
Traités, Lettres Missives, &c. par Camuzat.
Troyes, 1619, *in-8.*

1...17 Mélanges historiques & Recueil de diverses matieres, par P. de Sainct-Julien. *Lyon*, 1588,
in-8. parch.

5.... Histoires prodigieuses extraites de plusieurs fameux
Auteurs grecs & latins, mises en notre langue par
Boaistuau. *Paris*, 1566, *in-8. fig. v. f.*

5...4 Histoire de la Papesse Jeanne, tirée de la dissertation latine de M. de Spanheim. *La Haye*, 1720,
2 vol. in-12. fig. v. m.

1....11. Familier éclaircissement de la question si une

l'enciclopedie. mr cottin.

histoire d'angletterre. m.d̄ de villeroy. bon marché.
essai geographique. m̄ deftrevan.

Femme a été affife au Siege Papal de Rome.
Amft. 1648 , *in-8. parch.*

L'Avocat du Diable, ou Mémoires hiftoriques &
critiques fur la Vie & fur la Légende du Pape
Gregoire VII. *Saint - Pourcain* , 1743 , 3 *vol.*
*in-*12. *v. m.* — — — — — — — — — — 3 ... 4

La Vie du Pape Alexandre VI & de fon fils Céfar
Borgia , par Alexis Gordon. *Amft.* 1732 , 2 *vol.*
*in-*12. *v. f.* — — — — — — — — — 4 ... 1

Hiftoire des Conclaves. *Cologne* ,1703, 2 *vol. in-8.*
fig. v. m. — — — — — — — — — 7 ... 4

Mémoires pour fervir à l'Hiftoire Eccléfiaftique des
fix premiers fiecles , par M. le Nain de Tillemont. *Bruxelles* , 1706 , 30 *vol. in-*12. *bafanne.*

Abrégé de l'Hiftoire Eccléfiaftique , par M. Racine.
Cologne , 1752, 14 *vol. in-*12. *veau jafpé.* — 23 ... 1

Hiftoire Eccléfiaftique d'Allemagne. *Bruxelles* ,
1724 , 2 *vol. in-*12. *v. m.* — — — — — 2 ... 10

Hiftoire de Geneve, par M. Spon. *Geneve* , 1730 ,
2 *vol. in-*4. *v. f.* — — — — — — — — 9

Hiftoire d'Angleterre , par M. de Rapin Thoyras.
La Haye , 1737 , 15 *vol. in-*4. *v. b.* — — — 30 ... 192

Effai géographique fur les Ifles Britanniques , par
M. Bellin. *Paris* , 1757, *in-*4. *fig. v. m.* — — 8 ... 192

L'Hiftoire de la mort d'Anne Boullenc , Royne
d'Angleterre , en vers. *in-*4. *manufcrit fur vel.*
relié en carton. — — — — — — — — 9 .. 15

Nᵒ. XVI. 177 *vol. in-8. & in-*12.

L'Efpion dans les Cours des Princes Chrétiens. *Co-*
logne , 1710 ,6 *vol. in-*12. *fig. v. b.* — — — 6 .. 12

Les Souverains du monde. *Paris,* 1734, 5 *vol. in-*12.
v. m. — — — — — — — — — — 5 ... 1

9.-12 Histoire Evangélique confirmée par la Judaïque & la Romaine, par le R. P. Pezron. *Paris*, 1696, 2 *vol. in-*12. *v. b.*

13.-2. Histoire générale, civile & naturelle, &c. de tous les peuples du monde, par M. l'Abbé Lambert. *Paris*, 1750, 15 *vol. in-*12. *v. m.*

6.-10 Voyages de Gulliver. *Paris*, 1737, 2 *vol. in-*12. *v. b.*
Le nouveau Gulliver, ou Voyages de Jean Gulliver. *Paris*, 1730, 2 *vol. in-*12. *v. b.*

12.-14 Histoire universelle de Diodore de Sicile, trad. en françois par M. l'Abbé Terrasson. *Paris*, 1737, 7 *vol. in-*12. *v. b.*

5.-19 Voyage du Chevalier des Marchais en Guinée & Isles voisines, par le R. P. Labat. *Paris*, 1730, 8 *vol. in-*12. *v. b.*

13.-1. Nouveau Voyage aux Isles de l'Amérique, par le P. Labat. *Paris*, 1722, 6 *vol. in*-12. *v. b.*

18.-4 Relation d'un Voyage du Levant fait par ordre du Roi, par M. Pitton de Tournefort. *Lyon*, 1717, 3 *vol. in* 8. *fig. v. b.*

2.-8 Voyages de M. Dellon, avec sa relation de l'inquisition de Goa. *Cologne*, 1711, 3 *vol. in-*12. *fig. v. f.*

Nº. XVII. 90 vol. in-8 & in-12.

4.-1. Du Royaume de Siam, par M de la Loubere. *Paris*, 1691, 2 *vol. in-*12. *fig. v. b.*

18.--- Voyage de Gautier Schouten aux Indes Orientales. *Rouen*, 1725, 10 *vol. in-*12. *fig. baf.*

5.-10 Les Voyages de Jean Struys en Moscovie, en Tar-

gulliver. m.de devilleroy. m.de st ceran.

histoire de diodore. m.de st ceran.

voyage de tournefort. m.de devilleroy.
voyage de dellon. m.de st ceran.

L'ambassade orientale en Douay 12

description de l'archipel. indispensau.

tarie, en Perse, par M. Glanius. *Amst.* 1720,
3 *vol. in-*12. *fig. v. b.*

Voyages du sieur Paul Lucas. *Paris,* 1712, *& Rouen,*
1719, 5 *vol. in-*12. *v. b.* 8

Mémoires du Chevalier d'Arvieux, par le R. P.
Labat. *Paris,* 1735, 6 *vol. in-*12. *v. b.* . . . . 7..4

Voyages de M. le Chevalier Chardin en Perse &
autres lieux. *Amst.* 1711, 10 *vol. in-*12. *fig.*
v. b. . . . . 18..4

Voyages de François Bernier. *Amst* 1724, 2 *vol.*
*in-*12. *fig. v. b.* . . . . . . 6..6

N°. XVIII. 59 *vol. in-fol. & in-*4.

Histoire naturelle, civile & ecclésiastique de l'Empire du Japon. *La Haye,* 1729, 2 *vol. in-fol.*
v. éc. . . . . 18..6

Ambassades mémorables de la Compagnie des
Indes Orientales vers les Empereurs du Japon.
Amst. 1680, *in-fol. fig v. b.* . . . . . 14.

L'Ambassade de la Compagnie Orientale des Provinces-Unies vers l'Empereur de la Chine. *Leyde,*
1665, *in-fol. fig. v. b.* . . . . 12..16

Description exacte dès Isles de l'Archipel, trad. du
flamand de Dapper. *Amst.* 1703, *in-fol. fig.*
v. m. . . . . 15. . . .2.

Description géographique de l'Empire de la Chine,
par le P. du Halde. *Paris,* 1735, 4 *vol. in-fol.*
v. m. 78

La Science héroïque, par Marc de Wlson de la
Colombiere. *Paris,* 1669, *in-fol. fig. v. b.* . . 9..4

Armorial général de la France, par M. d'Hosier.
Paris, 1738, 4 *vol. in-fol. v. m.* 18

87 Hiſtoire généalogique & chronologique de la Maiſon Royale de France, par le P. Anſelme. *Paris, 1726, 9 vol. in-fol. v. m.*

77-19 Traité des Pierres gravées, par P. J. Mariette. *Paris, 1750, 2 vol. in-fol. fig. v. m.*

8-10 Le grand Cabinet Romain, ou Recueil d'Antiquités Romaines. *Amſterdam, 1706, in-fol. fig. v. m.*

5 Diſcours de la Religion des anciens Romains, par Duchoul. *Lyon, 1556, in-fol. fig. v. b.*

11-1 Académie des Sciences & des Arts, par Iſaac Bullart. *Amſt. 1702, 2 tom. rel. en 1 vol. in-fol. fig. velin.*

84 Recueil de pluſieurs Eſtampes ſingulieres. Elles repréſentent des proverbes & autres figures très-plaiſantes. *2 vol. in-fol. velin verd.* Recueil fort rare.

288 Phytanthoza Iconographia, ſive Conſpectus aliquot millium Plantarum, Arborum, Fruticum, &c. à Joanne Weinmano Collectarum. *Ratiſponæ, 1735, 4 vol. in-fol. Figures anciennement coloriées. v. b.*

70-1 Dictionnaire univerſel de Médecine, trad. de l'anglois, par MM. Diderot, Eidous & Touſſaint. *Paris, 1746, 6 vol. in-fol. fig. v. m.*

18-9 Architecture, Peinture & Sculpture de la Maiſon de Ville d'Amſterdam. *Amſt. 1719, in-fol. gr. pap. fig. v. b.*

182-19 Recueil des monumens des cataſtrophes que le Globe de la Terre a eſſuyées, par G. W. Knorr. *Nuremberg, 3 vol. in-fol. fig. coloriées,* broché.

Découvertes

épreuve au h[...] m. floru d 80

mariette m. flor 96 — mr déft mories

estampes singulières par un oligny.

philanto zaiconographia mu me vigot. 240

histoire de Salerne. mr de prevan.

Découvertes les plus nouvelles dans le Regne Végétal , ou Obſervations microſcopiques ſur les parties de la génération des Plantes , par le Baron de Gleichen. *Nuremberg , in-fol. fig. col.* broché. _ _ _ _ _ _ _ _ _ _ _ 54..15

Dictionnaire univerſel de Trévoux. *Paris ,* 1743 , 7 *vol. in-fol. v. m.* _ _ _ _ _ _ _ . 40..1.

Œuvres diverſes de M. Pierre Bayle. *La Haye ,* 1736 , 4 *vol. in-fol. v. m.* _ _ _ _ _ .38..19

L'Hiſtoire Naturelle éclaircie dáns une de ſes parties principales , l'Ornithologie , par M. Salerne. *Paris ,* 1767 , *in-4. mar. bl. fig. col.* _ _ _ _ 72..3

Hiſtoire Naturelle des Inſectes étrangers , par Drury , en anglois & en françois. *Londres ,* 1770 , *in-4. broché en carton , fig. col.* _ _ _ _ ..45

Les Délices des yeux & de l'eſprit , ou collection générale des différentes eſpeces de coquillages , par George Wolffang Knorr. *Nuremberg ,* 1764 , 4 *tom. rel. en* 2 *vol. in-4. fig. col.* _ _ _ _ .83

Diſſertation ſur la génération & la transformation des Inſectes de Surinam , par Marie - Sibille Merian. *La Haye ,* 1726 , *in-fol. gr. pap. fig.* veau fauve. _ _ _ _ _ _ _ _ 18

Nº. XIX. 89 *vol. in-4. & in-12.*

Hiſtoire du Peuple de Dieu , par le P. Berruyer. *Paris ,* 1742 , 23 *tom. rel. en* 22 *vol. in-12. v. jaſpé.* _ _ _ _ _ _ _ _ 30

Analyſe des Traités des bienfaits & de la clémence de Sénéque. *Paris , Barbou ,* 1776 , *in-12. v. m. d. ſ. t.* _ _ _ _ _ _ _ 2..3

C

2..4. Selecta Senecæ Philosophi Opera. *Parisiis, Barbou*, 1761, *in-*12. *v. m. d. f. t.*

2..19. Auli Flacci Persii, D. Juvenalis & Sulpiciæ Satyræ. *Parisiis, Barbou*, 1776, *in-*12. *v. m. d. f. t.*

24..7. Titi Livii Patavini Historiarum libri qui supersunt XXXV. *Parisiis, Barbou*, 1775, 7 *vol. in-*12. *v. m. d. f. t.*

3..10. Quinti Horacii Flacci carmina. *Parisiis, Barbou*, 1775, *in-*12. *v. m. d. f. t.*

8..1. Amours de Theagenes & Chariclée. *Londres (Paris)* 1743, 2 *vol. in-*12. *fig. v. éc. d. f. t.*

3..1. Les Amours d'Abrocome & d'Anthia, Histoire Ephéfienne. 1748, *in-*8. *fig. v. éc.*

2..... Les Affections de divers Amans. 1743, *in-*8. *v. éc. d. f. t.*

9..16. Abrégé de l'Histoire ancienne de M. Rollin, par M. l'Abbé Tailhié. *Laufanne*, 1744, 4 *vol. in-*12. *v. jaspé.*

28.... Histoires Tragiques extraites de Bandel, par P. Boifteau. *Rouen*, 1603, 7 *vol. in-*16. *veau éc. d. f. t.*

4..17. Histoires prodigieufes extraites de plufieurs fameux Auteurs, par P. Boaistuau. *Paris*, 1598, 3 *vol. in-*16. *mar. bleu.*

57..4. Histoire des Maisons de Plantagenet, de Tudor & de Stuart, par David Hume. *Amft.* 1765, 7 *vol. in-*4. *v. m.*

27..19. Analyse raifonné du Droit François, par M. Gin. *Paris*, 1782, *in-*4. *v. m.*

9..... Histoire générale d'Efpagne, traduite de Mariana par le P. Charenton. *Paris*, 1725, 5 *vol. in-*4. *v. m.*

tite live de barbou. mr de st cervan.

amours de theagenes. mr de st cervan.

hist. de boudel? m. merigot, benjamin

hist. de Coaisseau m. merigot, benjamin

analise du droit francois. mr de st cervan.

histoire de portugal — nnr de st cevan.

histoire de la laponie. nnr de st cevan.

Recueil des Habillemens de différentes nations anciennes & modernes, en françois & en anglois. *Londres*, 1757, 2 *vol. in-4. fig. v. m.* . . . . . 21..19

Histoire générale des Provinces-Unies. *Paris*, 1757, 8 *vol. in-4. v. m.* . . . . 26..10

Histoire générale de Portugal, par M. le Quien de la Neufville. *Paris*, 1700, 2 *vol. in-4. v. br.* . . . . 6..10

Histoire de Charles XII, Roi de Suéde, trad. du Suédois de M. Nordberg. *La Haye*, 1748, 3 *vol. in-4. v. m.* . . . . 6..4

Histoire de la Laponie, avec sa description, &c. trad. du latin de M. Scheffer. *Paris*, 1678, *in-4. v. b.* . . . . 5..19

Nº. XX. 246 *vol. in-8. & in-12.*

Vies intéressantes & édifiantes des Religieuses de Port-Royal. 1750, 4 *vol. in-12. v. b.* 8

L'Histoire des François de St Gregoire de Tours, trad. par M. de Marolles, Abbé de Villeloin. *Paris*, 1668, 2 *vol. in-8. v. b.* 4

Les Mémoires & Recherches de France & de la Gaule Acquitanique du sieur Jean de la Haye, Baron de Coutaula. *Paris*, 1581. —— Traité de la dissolution de mariage par l'impuissance de l'homme ou de la femme. *Paris*, 1581, *in-8. m. viol.* 14

Histoire de la République de Venise. *Paris*, 1759, 5 *vol. in-12. v. m.* . . . . 13..4

Rome moderne, premiere ville de l'Europe, avec toutes ses magnificences & ses délices. *Leyde*, 1713, 6 *vol. in-12. fig. v. f.* . . . . 7..8

D 9..5 Les Délices de l'Italie. *Leyde* , 1709 , 4 *vol. in-*12. *fig. v. f.*

3..1. Histoire des Rois des deux Siciles de la Maison de France, par M. d'Egly. *Paris*, 1741, 4 *vol in-*12. *v. m.*

6..1. { Histoire de la République de Gênes , depuis l'an 464 de la fondation de Rome jufqu'à préfent. *Paris* , 1697 , 3 *vol. in·*12. *v. f.*
Histoire des Révolutions de Gênes. *Paris* , 1750 , 3 *vol. in* 12. *v. m.*

*D*5..19 { Vie de l'Empereur Julien , par l'Abbé de la Bleterie. *Paris* , 1735 , *in-*12. *v. m.*
Histoire de l'Empereur Jovien , par l'Abbé de la Bleterie. *Paris* , 1748 , 2 *vol. in-*12· *v. m.*

33..19. Histoire Romaine depuis la fondation de Rome jufqu'à la tranflation de l'Empire par Conftantin , trad. de l'anglois de Laurent Echard. *Paris*, 1728 , 16 *vol. in-*12. *v. f.*

17..18 Histoire des Empereurs & des autres Princes qui ont regné durant les fix premiers fiecles de l'Eglife , par M. le Nain de Tillemont. *Bruxelles* , 1707 , 16 *vol. in-*12. *v. jafpé.*

6..2. Histoire des Révolutions Romaines, par M. l'Abbé de Vertot. *Paris* , 1727 , 3 *vol. in-*12. *v. b.*

2..16 Difcours hiftoriques & politiques fur Sallufte , par M. Gordon. 1749 , *in-*12. *v. jafpé.*

11.... C. Cornelii Taciti quæ extant Opera. *Parifiis* , *Barbou* , 1760 , 3 *vol. in-*12. *v. f. d. f. t.*

2..4. Traduction de quelques Ouvrages de Tacite, par M. l'Abbé de la Bleterie. *Paris* , 1755 , 2 *vol. in-*12. *v. b.*

4..12 Difcours hiftoriques , critiques & politiques fur

vie de julien. ms de strevan.
histoire de jovien. ms de strevan.

Discours sur salluste. sur la bellangerie.

les perces des deux T... de de villeroy. a bon marché. m de pravan.

histoire des ordres militaires. m de pravan.

histoire du clergé. m de pravan.

paterculus barbou 3 in ...

Tacite, trad. de l'anglois de Gordon. *Amft.* 1742,
2 *vol. in-*12. *v. f.*

N°. XXI. 229 *vol. in-*8. & *in-*12. *dont* :

Les Vies des SS. PP. des Déferts & des Saints
   Solitaires d'Orient & d'Occident. *Anvers,* 1714,
   4 *vol. in-*8. *gr. pap. fig. v. jafpé.*
Hiftoire des Ordres Militaires ou des Chevaliers des
   Milices féculieres & régulieres de l'un & de
   l'autre fexe, qui ont été établies jufqu'à préfent. *Amft.* 1721, 4 *vol. in-*8. *gr. pap. fig. v.*
   jafpé.
Hiftoire du Clergé féculier & régulier des Congré-
   gations de Chanoines & de Clercs, & des Ordres
   Religieux de l'un & de l'autre fexe, qui ont été
   établis jufqu'à préfent. *Amft.* 1716, 4 *vol. in-*8.
   gr. pap. fig. v. jafpé.
Titi Livii Hiftoriarum quod extat. *Amft. Elzevir.*
   1678, *in-*12. *v. b.*
T. Livii Patavini Hiftoriarum ab urbe conditâ libri
   qui fuperfunt. *Londini,* 1722, 6 *vol. in-*12.
   v. br.
Hiftoire Romaine depuis la fondation de Rome
   jufqu'à la bataille d'Actium, par M. Rollin. *Pa-*
   ris, 1738, 16 *vol. in-*12. *v. jafpé.*
M. Velleii Paterculi Hiftoriæ Romanæ quæ fuperfunt. *Londini,* 1713, *in-*12. *v. b.*
Caii Velleii Paterculi Hiftoriæ Romanæ libri duo.
   Parifiis, Barbou, 1777, *in-*12. *v. m. d. f. t.*
Nouveaux Mémoires ou Obfervations fur l'Italie &
   fur les Italiens, par deux Gentilshommes Suédois. *Londres,* 1764, 3 *vol. in-*12. *v. m.*

L'Histoire & la Religion des Juifs depuis Jesus-Christ jusqu'à présent, par M. Basnage. *Rotterdam*, 1707, 6 *vol. in-12. bazane.*

La même Histoire des Juifs. *Paris*, 1710, 7 *vol. in-12. v. jaspé.*

Histoire des Juifs & des Peuples voisins, depuis la décadence des Royaumes d'Israël & de Juda jusqu'à la mort de Jesus Christ, par M. Prideaux. *Amst.* 1728, 6 *vol. in-8. m. viol.*

La même Histoire des Juifs, par Prideaux. *Amst.* 1726, 7 *vol. in-12. v. jaspé.*

La République des Hébreux, les Antiquités judaïques. *Amst.* 1713, 5 *vol. in-8. fig. v. jaspé.*

L'Histoire de Thucidyde de la guerre du Péloponese. *Paris*, 1714, 3 *vol. in-12. v. b.*

Quinti-Curtii Rufi de rebus gestis Alexandri Magni libri. *Londini*, 1716, *in-12. v. b.*

Histoire de Grece, trad. de l'anglois de Temple Stanyan. *Paris*, 1743, 3 *vol. in-12. v. m.*

Les Vies des Saints, par Adrien Baillet. *Paris*, 1704, 12 *vol. in-8. v. b.*

Histoire du Fanatisme de notre temps, par M. de Brueys. 3 *vol. in-12. v. b.*

Histoire des Anabaptistes, contenant leur doctrine & leurs diverses opinions. *Amst.* 1700, *in-8. fig. v. b.*

Mémoires pour servir à l'Histoire de la Fête des Foux, par M. du Tilliot. *Lausanne*, 1751, *in-8. fig. v. jaspé.*

Histoire des Francs-Maçons. *L'Orient*, 1745, 2 *vol. in-12. v. jaspé.*

Le Secret des Francs-Maçons, 1744. Dans le même

les juifs. mr andry.

la republique des hebreux. mr despreaux. mr
histoire de thucidide. mr desprevan.

les vies des saincts de baillet.

memoires des inquisitions. mr la bellangeraie. mr de prevan.

histoire de l'inquisition ♦ mr de devillevoy. mr de prevan.

aventures. mr de la mailliardiere. †—5⁶

antiquité des celtes. mr. bailly. mr de prevan.

histoire des eglizes. reformées. mr d. patent.

histoire du Konakenjme. mr de prevan.

volume, fix pieces avec figures concernant cet Ordre. *in-1 2. v. m.*

La Franc-Maçonnerie, ou révélation des Myfteres des Francs - Maçons. *Bruxelles*, 1744. Dans le même volume, fept pieces concernant cet Ordre. *in 12. veau jafpé.* ⸳ ⸳ ⸳ ⸳ ⸳ ⸳ ⸳ 6#

L'Ordre des Francs-Maçons trahi & le fecret des Mopfes révélé. *Amfterdam*, 1745, *in·12. fig. v. m.* ⸳ ⸳ ⸳ ⸳ ⸳ ⸳ ⸳ 8

Les Francs-Maçons écrafés, fuite du Livre intitulé l'Ordre des Francs-Maçons trahi. *Amft.* 1747, *in·12. fig. v.m.* ⸳ ⸳ ⸳ ⸳ ⸳ ⸳ 8

Mémoires hiftoriques pour fervir à l'Hiftoire des Inquifitions. *Cologne*, 1716, 2 *vol. in - 12. fig. v. b.* ⸳ ⸳ ⸳ ⸳ ⸳ 8 - 19

Hiftoire de l'Inquifition & de fon origine. *Cologne*, 1693, *in-12. v. b.* ⸳ ⸳ ⸳ ⸳ 5 - 1

Aventures fingulieres de M. C. *Utrecht*, 1724, *in-12. v. f.* ⸳ ⸳ ⸳ ⸳ ⸳ 3 - 4

Antiquité de la Nation & de la langue des Celtes, par le R. P. Pezron. *Paris*, 1703, *in-12. v. b.* ⸳ 3 - 10

Les Impératrices Romaines, par M. de Serviez. *Paris*, 1728, 4 *vol. in·12. v. b.* ⸳ ⸳ ⸳ 7 - 1

Hiftoire des Empires & des Républiques depuis le déluge jufqu'à J. C. par M. l'Abbé Guyon. *Paris*, 1736, 12 *vol. in-12. v. m.* ⸳ ⸳ ⸳ 10 - 12

Hiftoire Eccléfiaftique des Eglifes Réformées, par Théodore de Beze. *Geneve*, 1580, 3 *vol. in-8. velin.* ⸳ ⸳ ⸳ ⸳ ⸳ ⸳ 16 - 19

Hiftoire abrégée de la naiffance & du progrès du Kouakérifme. *Cologne*, 1692. — La France démafquée. *La Haye*, 1671, *in-12. v. jafpé.* ⸳ 3 - 1

No. XXII. 60 *vol. in-fol. dont :*

26.   Les Hommes illuſtres de Perrault. *Paris* , 1696, *in-fol. fig. v. b.* Avec les Portraits de MM. Arñauld & Paſcal.

72.   Traité des Fougeres de l'Amérique , par le P. Plumier. *Paris* , *de l'Imprimerie Royale* , 1705, *in-fol. fig. v. m.*
Deſcription des Plantes de l'Amérique , par le P. Plumier. *Paris* , *de l'Imprimerie Royale* , 1693 , *in-fol. fig. v. m.*

18..1.   L'Architecture de Vitruve , trad. par Perrault. *Paris* , 1673 , *in-fol. fig. v. m.*

40..1.   Dictionnaire géographique par la Martiniere. *Paris*, 1739 , 6 *vol. in-fol. v. m.*

30...   Traité du beau eſſentiel danſ les Arts , appliqué à l'Architecture , par Briſeux. *Paris* , 1752, 2 *tom. rel. en* 1 *vol. in-fol. fig. v. m.*

12..4..   Voyages de la Motraye. *La Haye* , 1727 , 2 *vol. in-fol. fig. v. b.*

47....   Voyages de Corneille le Brun. *Paris* , 1714 , 3 *vol, in-fol. fig. v. b.*

18..1.   Relations de divers Voyages , par Thevenot. *Paris* , 1696, 4 *vol. in-fol. v. f. & v. b.*

39..19   Atlas hiſtorique, par Gueudeville *Amſt.* 1718, 7 *vol. in-fol. fig. v. b.*

11..1.   La Chronique Martiniane de tous les Papes qui furent jamais. *Paris* , *Antoine Verard* , *in -fol. goth. v. f.*

117....   Cérémonies & Coutumes Religieuſes de tous les Peuples du Monde. *Amſt. Bernard* , 1723 , 7 *vol.*

les hommes illustres. mr de toulouse.

voyages de thevenot mr depreevan.

memoires d'amelot de la houssaie. un de ssavran.

theatre des cervantes. un de ssavran.

7 *vol. in-fol. v. m.* Figures de Bern. Picart , belles épreuves.

Le grand Théâtre hiſtorique de Gueudeville. *Leyde,* 1703, 5 *tom. rel. en* 3 *vol. in-fol. fig. v. b.* - - - - 27..19

Dictionnaire hiſtorique & critique, par Pierre Bayle. *Rotterdam,* 1720, 4 *vol. in-fol. v. b.* - - - - 59..19

Dictionnaire hiſtorique, par Louis Morery. *Amſt.* 1740, 10 *vol. in-fol. v. m.* - - - - - 59..1.

N°. XXIII. 100 *vol. in-*4. *in-*8. & *in-*12. *dont :*

Hiſtoire ancienne, par M. Rollin. *Paris ,* 1758, 14 *vol. in-*12. *v. m.* - - - - - - - 36..12

Catalogue des différens objets de curioſités de MM. Mariette, l'Empereur, Brochant, &c. 3 *vol. in-*8. *v. m.* avec les prix. - - - - - - 9..19

Les diverſes Leçons de Pierre Meſſie. *Paris , Mi-*card, 1580, 2 *vol. in-*16. *v. b.* - - - - -3

Hiſtoires tragiques de notre temps, par de Roſſet. *Paris ,* 1616, *in-*12. *v. m.* - - - - - - 2..

Traité des Etudes , par M. Rollin. *Paris ,* 1765, 4 *vol. in-*12. *v. m.* - - - - - - - 8..1.

Mémoires hiſtoriques, politiques, critiques & Litté-raires , par Amelot de la Houſſaye. *Amſt.* 1737, 3 *vol. in-*12. *v. f.* - - - - - - - 6..10²

Les Lettres de Cicéron à ſes amis , trad. en fran-çois. *Paris ,* 1704, 4 *vol. in-*12. *v. b.* - - 6

Théâtre des cruautés des Hérétiques de notre temps. *Anvers,* 1588, *in-*4. *fig. v. m.* - - - - -6..2

Le Commerce de l'Amérique , par Marſeille. *Avi-*gnon, 1764. 2 *vol. in-*4. *v. f. d. ſ. t.* - - - 8..1.

Hiſtoire de l'Iſle de Saint-Domingue , par le Pere Charlevoix. *Paris ,* 1730, 2 *vol. in-*4. *v. m.* - 12..2

3..15 Le Mercure Indien , ou le Tréfor dès Indes , par de Rofnel. *Paris* , 1668 , *in-4. parch.*

22-13 Hiftoire des Antilles habitées par les François , par le Pere du Tertre. *Paris* , 1667 , 4 *tom. rel. en* 3 *vol. in-4. fig. v. b.*

7..19 Defcription géographique des Ifles Antilles poffé-dées par les Anglois, par M. Bellin. *Paris* , 1758, *in-4. v. m.*

7..... Defcription géographique & hiftorique de l'Ifle de Corfe, par M. Bellin. *Paris* , 1769 , *in-4. rel. en cart.*

10.. 6. Defcription de l'Egypte, compofée fur les Mémoi-res de M. de Maillet, par M. l'Abbé le Mafcrier. *Paris* , 1735 , *in-4. fig. v. b.*

6..19 Les Paffaiges d'Oultremer faits par les François. *Pa-ris* , *Mich. le Noir,* 1518 , *in-fol. goth. v. b.*

3.. 1. Relation hiftorique d'Abiffinie , du P. Lobo , trad. par M. le Grand. *Paris* , 1728 , *in-4. fig. v. b.*

19..2. Traité de la Nobleffe & de fes différentes efpeces , par de la Roque. *Rouen* , 1735 , *in-4. v. b.*

3..... Dictionnarium Antiquitatum romanarum & græca-rum , Auctore Petro Danetio. *Parifiis* , 1698 , *in 4. v. b.*

N°. XXIV. 243 *vol. in-8. & in-12. dont :*

3..10 Hiftoire de Jeanne d'Arc, Vierge, Héroïne & Martyre d'Etat, par l'Abbé Lenglet du Frefnoy. *Orléans* , *Couret de Villeneuve,* 1753 , 3 *tom. rel. en* 1 *vol. in-12. v. m.*

4..5 Hiftoire de Louis XI, par M. Duclos. *Paris,* 1745, 4 *vol. in-12. v. m.*

description des antilles. un de Prevan.

description de l'isle de Corse ; un plan. 6 un de Prevan.

les pastoriques dont venue ... de patente.

histoire de jeanne d'arc. un de Prevan.

histoire de louis XI. un de Prevan.

histoire de louis treize. mr de provan

histoire de grandisson. mr me vigot. 8tt —

dictionnaire des moeurs. m de Tevilleroy.

Mémoires & Vie de M. Cl. de Letouf, Baron de Sirot. *Paris*, 1683, 2 *vol. in-*12. *v. b.*

Mémoires de Mlle. de Montpensier. *Amst.* 1729, 6 *tom. rel. en* 3 *vol. in-*12. *v. b.*

Histoire & regne de Charles VI, par Mlle. de Lussan. *Paris*, 1753, 9 *vol. in-*12. *v. m.*

Histoire du regne de Louis XIII, par le Vassor. *Amst.* 1700, 20 *vol. in-*12. *v. f.*

Histoire du Chevalier Grandisson, par Richardson. *Amst.* 1770, 4 *vol. in-*12. *v. éc.*

Mémoires de M. Talon. *La Haye*, 1732, 8 *vol. in-*12. *v. f.*

Mémoires secrets de la Cour de France, contenant les intrigues du Cabinet pendant la minorité de Louis XIV. *Amst.* 1733, 3 *vol. in-*12. *v. f.*

Dictionnaire des mœurs, usages & coutumes des François. *Paris*, 1767, 3 *vol. in-*8. *v. m.*

Recueil de Pieces dont : la Harangue d'Alexandre le Forgeron, prononcée au Conclave des Réformateurs. 1614. —— La Phrénésie des Rebelles & Mal-contens. —— Le Patois Limousin. 1615. —— Les Regrets de Cendrin. 1615. —— Le Catolicon François, par Guillot le Songeur. 1616, *in-*8. *parch.*

Recueil de Pieces dont : les grands jours d'Antirus, Panurge & Gueridon. —— Le Sire Benoist Ferreur d'Eguillettes. 1615. —— Réponse de Dame Friquette, Bohémienne appellée par les Mal-contens. 1615. —— Pasquil de la Cour. 1616. —— Pasquin ou Coq-à-l'Ane de la Cour. 1616. Plaisant Galimathias d'un Gascon & d'un Provençal. 1619. —— Les Rêveries de la Reine.

1620. — Le Caquet de l'Accouchée. 1622, &c. &c. *in-8. v. m.*

Recueil de Pieces, dont : Le Courtisan à la mode. 1622. — La Chasse au vieux Grognard de l'antiquité. 1622.—Songe de Maître Guillaume. 1622. Le Mort qui court les rues. 1623. — Le Clair-voyant de Fontainebleau. 1623. — Pasquil satyrique du Duc de ***. 1623. — Les Hipocondriaques de la Cour. 1624. — L'Abcès de M. d'Espernon, percé par un de ses amis. 1619 — La Rencontre de Gauthier Garguille, avec Tabarin en l'autre monde. 1634, *in 8. v. m.*

Recueil de Pieces, dont : Le Jeu de l'Esbahi des Censeurs étonnés. — Les Pseaumes des Courtisans. 1620.—L'Adoration du Veau d'or. 1620. — Le Pelerin des Antipodes racontant des nouvelles de son voyage. 1620. — La Poupée démasquée, au Roi. 1620 — Les Fantaisies plaisantes & facétieuses du chapeau à Tabarin. *Paris, in-8. parch.*

Mémoires d'un Favori de Son Altesse M. le Duc d'Orléans. *Leyde, Sambix,* 1668, *in-12. v. f.*

Recueil de Pieces, dont : le Pseautier des Rebelles, &c. *in-8. v. m.* — Journal de M. le Cardinal de Richelieu, qu'il a fait durant le grand orage de la Cour, en l'année 1630 & 1631. 1648. — Histoire galante de M. le Comte de Guiche. 1612, *v. m.*

Le Gouvernement présent, ou éloge de Son Eminence. Satyre, ou la Miliade. *in-8. parchemin.* Piece rare.

memoires d'un favory. m. de devilleroy. m. m. de ligne.

codicilles de louis 13 . mr de toulouse . mr de prevan.

aventures de foeneste . mr labbé pluquet . mr mevigot.

Codicilles de Louis XIII, Roi de France & de Navarre, à son très-cher fils aîné successeur. 1643, *in-*16. *m. r.* Bel exemplaire d'un livre très-rare.

Les Négociations de M. le Président Jeannin. *Amst.* 1695, 4 *tom. rel. en* 2 *vol. in-*8. *vel.*

Satyre ménippée de la vertu du Catholicon d'Espagne, & de la tenue des Etats de Paris. *Ratisbonne,* 1714, 3 *vol. in* 8. *fig. v. b.*

Mémoires pour servir à l'Histoire de France, par P. de l'Estoile. *Cologne,* 1619, 2 *vol. in-*8. *fig. v. br.*

Memoires pour servir à l'Histoire d'Anne d'Autriche, épouse de Louis XIII, par Mde. de Motteville. *Amst.* 1723, 5 *vol. in-*12. *v. f.*

La Conjuration de Conchine, ou l'Histoire des mouvemens derniers. *Paris,* 1619, *in-*8. *v. b.*

Recueil de Pieces, dont : Noël. Ensemble le Pasquin des Chevaliers. 1620. —— Le Mort qui court les rues. 1623. —— La Mort de la France. 1623. —— Le Saut de l'Allemand. 1623. —— La Ruse des Flatteurs découverte. 1625, *in-*8. *parchemin.*

N°. X X V. 203 *vol. in-*8. *& in-*12. *dont :*

Aventures du Baron de Fœneste, par T. Agrippa d'Aubigné. *Cologne,* 1729, 2 *vol. in-*12. *v. éc.*

Mémoires de la Vie de Théodore Agrippa d'Aubigné. *Amsterdam,* 1731, 2 *tom. rel. en* 1 *vol. in-*12. *v. b.*

Mémoires de M. de Bordeaux. *Amst.* 1758, 4 *vol. in-*12. *v. m.*

Mémoires de la Reine Marguerite. *Goude*, 1649.

—— Satyre Ménippée de la vertu du Catholicon d'Espagne. 1649, *in*-12. *v. m.*

Le Banquet & Après-dînée du Comte d'Arete, où il se traite de la dissimulation du Roi de Navarre, & des mœurs de ses partisans, par M. d'Orléans. *Arras*, 1594, *in*-8.

Mémoires d'Etat, par M. de Villeroy. *Amsterd.* 1725, 7 *vol. pet. in*-12. *v. b.*

Mémoires d'Etat, par M. de Cheverny. *Paris*, 1664, 2 *vol in*-12. *v. b.*

Chronologies novennaire, septénaire & Mercure françois. *Paris*, 1608, 29 *vol. in*-8. *v. b.* & parchemin.

Vie du Cardinal d'Ossat. *Paris*, 1771, 2 *vol. in* 8. *v. éc.*

Lettres du Cardinal d'Ossat, avec des notes d'Amelot de la Houssaye. *Amst.* 1714, 5 *vol. in*-12. *v. b.*

Abrégé de l'Histoire de France, par Mezeray. *Amst.* 1740, 13 *vol. in*-12. *v. m.*

Histoire de l'Etat & République des Druides, Eubayes, Sarronides, &c. anciens François, par Noël Talepied. *Paris*, 1585, *in*-8. *v. b.*

Histoire de la véritable origine de la troisieme Race des Rois de France, composée par le Duc d'Espernon, & publiée par de Prade. *Paris*, 1680, *in*-12. *v. b.*

Recueil de Pieces, dont : Les Plaisirs de la vie rustique, par Pibrac. *Paris*, 1575. —— La Vie, Mœurs & Vertus du Roi Charles IX, vraiement piteux, par Sorbin. *Paris*, 1574. —— Les Mira-

le banquet du comte d'aveta. mr me vigot. 2# 10s.

cronologie. novennaire. mr desprez van

histoire des dumi... mr de devillevoy. d. patent. mr dett cesan.

histoire de la veritable origine. mr moligny.

recueil de pieces. mr de la maillarduere. 1# 16s.

le cabinet du roi de France. m. de Trevan.

cles de Notre-Dame de Lieſſe. *Paris , in-8.
parchemin.*

Apologie Catholique contre les libelles publiés par
les Ligués , perturbateurs du Royaume de Fran-
ce , &c. 1585 , *in-8. parch.* . . . . 4 . . . 4ˢ

Le Cabinet du Roi de France , dans lequel il y a
trois perles précieuſes d'ineſtimable valeur , par
Fromenteau. 1581 , *in-8. v. jaſpé.* . . . . . . 9 . . . 1

Le Reveil-Matin des François & de leurs Voiſins,
compoſé par Euſebe Philadelphe Coſmopolite.
Edimbourg, 1574. —— La Légende de Mᵉ. Jean
Poiſle , Conſeiller au Parlement de Paris , contenant quelques diſcours de ſa vie , actions &
déportemens en ſon état , & les moyens qu'il
a tenus pour s'enrichir. 1576, *in-8.* petite piece
rare. 18

Le Tocſain contre les Maſſacreurs & auteurs des
confuſions de France. *Reims* , 1579 , *in-* 8.
m. r. . . . . 17 . . 2

Recueil de Pieces , dont : Les Matines de la
Cour ſur les trahiſons découvertes par MM. de
Luynes. 1622. —— La Chronique des Favoris.
—— Le Confiteor de M. le Conneſtable , qn'il a
fait devant de mourir. 1622. —— Le Déprofun-
dis ſur la mort de M. de Luynes. 1622. —— Le
que dit-on de la Cour. 1611. —— La Capilotade
Huguenote. —— Le Singe huguenot. 1625. ——
Les Hipocondriaques de la Cour. 1624. ——
L'Almanach prophétique du ſieur Tabarin , pour
l'année 1623. —— Le Salve Regina des Finan-
ciers. 1624 , *in-8. parch.* . . . . 11 . . 19

piqué Recueil de Pieces , dont : La Vie & faits notables . 32 . .

de Henri de Valois , tout en long fans rien re-
quérir , &c. 1589. —— Arrêts de la Cour Sou-
veraine des Pairs de France , donnés contre les
meurtriers & affaffinateurs de MM. de Guife.
Paris, 1589. —— Le Martyre des deux freres,
le Cardinal & le Duc de Guife. 1589. —— Les
mœurs, humeurs & comportemens de Henry
de Valois , repréfentés au vrai depuis fa naiffance.
Paris , 1589. —— Le Teftament de Henry de
Valois , recommandé à fon ami Jean d'Efper-
-non ; avec un Coq-à-l'Afne. 1589, &c. & autres
pieces rares. *in-8. v. m.*

Journal d'Henri III & d'Henri IV , par de l'Ef-
toile , avec les notes de l'Abbé Lenglet du Frefnoy. *La Haye* , 1744 , *9 vol. in-8. v. m.*

Cinq Sermons du Pere Portaife efquels eft traité
de la fimulée converfion du Roi de Navarre.
Paris , 1594 , *in-8. v. f.* Superbe Exemplaire
d'un livre très-rare , avec un beau portrait d'Henri IV , gravé en 1592 par Goltzius.

Sermons de la fimulée converfion de Henri de
Bourbon, Roi de Navarre , par Jean Boucher,
jouxte la copie imprimée à *Paris, chez Chaudiere,*
1594, *in-8. v. f.*

Moyens d'abus, entreprifes & nullités du Refcrit
& Bulle du Pape Sixte V contre Henri de Bourbon , Roi de Navarre. *Cologne* , 1586, *in-8.
v. f.*

Philippiques contre les Bulles & autres pratiques de
la faction d'Efpagne. *Tours* , 1611 , *in-8. v. b.*

Recueil de Pieces fur la mort de Henri IV , dont:
La Chemife fanglante de Henri - le - Grand.
1615.

les memoires de la ligue. ms de St cervan.

recueil pour l'histoire d'henri trois. ms de Trcevan.

hist. de la ligue. m. ffon. s ms l'abbé phgquel. ms de trevan.

le stratageme de charles g. ms de Trcevan.

memoires de l'état de france. ms de Trcevan.

1615. —— L'Hermaphrodite de ce temps , &c.
in-8. *v. m.*

Les auguftes & fideles Amours du Haut & Puif-
fant Cavalier le Fort-Louis, filleul du Roi , avec
la belle & noble Rochelle. *Fontenay , 1625,*
in 8. *veau jafpé.*

La Vie de Gafpard de Coligny , Amiral de France.
Leyde, Elzevier , 1643, in-12. parch.

Les Mémoires de la Ligue fous Henri III & Henri IV. 1602 , 6 *vol. in*-8. *v. jafpé.*

Recueil de Pieces fervant à l'Hiftoire d'Henri III.
Cologne , 1699, 2 vol. in-12. *v. b.*

Hiftoire de la Ligue faite à Cambray contre la République de Venife , par Dubois. *Paris , 1709,*
2 *vol. in*-12. *v. b.*

Le Stratagême ou la Rufe de Charles IX contre les
Huguenots rebelles à Dieu & à lui. 1574. *in*-8.
v. jafpé. En italien & en françois.

Mémoires de l'état de France fous Charles I X.
Meidelbourg , 1578 , 3 vol. in-8. *v. b.*

Recueil de Pieces , dont : Déclaration & Protefta-
tion du Roi de Navarre, de M. le Prince de
Condé, &c. fur la paix faite avec ceux de la
Maifon de Lorraine. *La Rochelle , 1585.* ——
Leçon aux Ligueurs. —— Traité de la jufte &
canonique abfolution de Henri IV. *Paris, 1595,*
in-8. *parch.*

Recueil de Pieces , dont : Déluge des Huguenots ,
avec leur tombeau. *Lyon , 1572.*——Complainte
& regrets de Gafpard de Coligny , qui fut Amiral
de France. *Lyon , 1572.* —— Ode Triomphale
au Roi, fur l'équitable juftice que Sa Majefté fit
des Rebelles , la veille & jour de St. Louis , par

Claude Nouvellet. *Lyon*, 1572. —— Dits magnifiques & gaillards touchant les caufes de la mort de l'Amiral de Coligny & fes complices. *Lyon*, 1572. —— Coq-à-l'Afne des Huguenots tués & maffacrés à Paris le XXIV. jour d'Août, 1572. *Lyon*, 1572. —— Tombeaux des Brife-Croix, même de Gafpard de Coligny , jadis Amiral de France. *Lyon*, 1573 , *in-8. parch.*

Recueil de Pieces , dont : Hiftoire abrégée contenant la vie, mœurs & vertus du Roi Charles IX, vraiment piteux , &c. *Paris*, 1574.—— La Chronique des Luthériens , & outre-cuidance d'iceux. *Paris*, *in-8. parch.*

Commentaires de l'état de la Religion & République fous les Rois Henri & François II , & Charles IX , par la Place. 1665, *in-8. parch.*

N°. XXVI. 43 vol. in-fol. dont :

Hiftoire de l'Abbaye Royale de St. Denis, par Dom Félibien. *Paris*, 1706, *in-fol fig. v. b.*

Hiftoire de St. Louis, par Jehan Sire de Joinville. *Paris*, *de l'Imprimerie Royale*, 1761 , *in-fol. v. m.*

Nouveau Dictionnaire hiftorique, par de Chaufepié. *Amft.* 1750, 4 *vol. in-fol. v. m.*

Dictionnaire hiftorique , par Profper Marchand. *La Haye*, 1758, *in-fol. v. m.*

Les Arts & Métiers, par MM. de l'Académie des Sciences. 8 *vol. in-fol. reliés , & plufieurs brochés.*

Dictionnaire de l'Académie Françoife. *Paris*, 1762, 2 *vol. in-fol. v. m.*

histoire de st louis m. de prevan.

dictionnaire de chaufepié m. de prevan.
dictionnaire de prosper marchand. m. de prevan.

œuvres de pasquier. m de de villeroy.

hist. des chemins de l'empire . m. flou. 12e

la religion des romains. m de de villeroy.

recueil des princes legitimes. m de de villeroy.

memoires de la regence. m. de prevau.

Hiſtoire de l'Empire de Conſtantinople, par Geof-
froy de Ville-Hardouin. *Paris*, *de l'Imprimerie
Royale*, 1657, *in fol. v. b.* 5

Les Œuvres d'Eſtienne Paſquier. *Amſt.* 1723,
2 *vol. in fol. v. m.* . . . . 18..19

Etat de la France, par le Comte de Boulainvilliers.
Londres, 1727, 3 *vol. in-fol. v. m.* . . . . . 26..19

Atlas élémentaire de l'Empire d'Allemagne, par
l'Abbé Courtalon. *Paris*, 1774, *in-fol. v. éc.* . . 7..15

Les grands Chroniques de France, appellés Chroniques de St. Denys, avec la Chronique de
Robert Gaguin. *Paris*, *François Regnault*,
3 *vol. in-fol. goth. v. b.* . . . . 35..19

N°. XXVII. 148 *vol. in-4. in-8. & in-12. dont :*

Hiſtoire des grands Chemins de l'Empire Romain,
par Bergier. *Bruxelles*, 1736, 2 *vol. in 4. v. m.* . 16..4

Recherches curieuſes d'Antiquités, par Spon. *Lyon*,
1683, *in-4. fig. v. b.* . . . . 2..2

Funérailles & diverſes manieres d'enſevelir des
Romains, Grecs, &c. par Guichard. *Lyon*, 1581,
in-4. v. f. 4

Diſcours de la Religion des anciens Romains, par
du Choul. *Lyon*, 1567, *in-4. fig. v. b.* . . . . 4..4

Recueil de Pierres gravées antiques, par M. de
Gravelle. *Paris*, 1732, *in-4. v. m.* 8

Recueil général des Pieces touchant l'affaire des
Princes légitimes & légitimés. *Rotterdam*, 1717,
4 *vol. in 12. v. f.* . . . . 6..2

Mémoires de la Régence de S. A. S. M. le Duc
d'Orléans. *Amſterdam*, 1729, 3 *vol. in-12.*
v. br. . . . . 6..1

4 .. 14 La Vie de Philippe d'Orléans, Régent. *Londres*, 1736, 2 *vol. in* 12. *v. jafpé.*

5 .... Hiftoire de Louis XIV, par de Larrey. *Rotterd.* 1738, 9 *vol. in* 12. *v. jafpé.*

9 5 .... Actes & Mémoires de la paix d'Utrecht. *Utrecht*, 1712, 6 *vol. in*-12. *v. f.*

5 . .. Hiftoire des Troubles des Cevennes, ou de la guerre des Camifards. *Villefranche*, 1760, 3 *vol. in*-12. *v. m.*

7 .. 5 Mémoires de Vielleville. *Paris*, 1757, 5 *vol. in*-8. *v. jafpé.*

7 . 15 Hiftoire de la Maifon de Montmorency, par M. Deformeaux. *Paris*, 1764, 5 *vol. in*-12. *v. m.*

3 . 15 Mémoires du Duc de Rohan, fur la guerre de la Valteline. *Paris*, 1758, 3 *vol. in*-12. *v. m.*

N°. XXVIII. 149 *vol. in*-8. *in*-4. & *in*-12. *dont :*

62 . 12 Bibliographie inftructive, par M. de Bure le jeune. *Paris*, 1763, 7 *vol. in*-8. — Catalogue des Livres de M. Gaignat, par le même. *Paris*, 1769, 2 *vol. in*-8. *v. m.* avec les prix.

54 . 10 Dictionnaire d'Hiftoire Naturelle, par M. Valmont de Bomare. *Paris*, 1775, 6 *vol. in*-4. *v. éc.*

9 6 . 10 Obfervations de plufieurs fingularités & chofes mémorables trouvées en Grece, par Pierre Belon. *Paris*, 1553, *in*-4. *fig. vel. l. r.*

4 .... Voyage Littéraire pour la découverte du tour du monde. *Amft.* 1730, 2 *vol. in*4. *fig. v. f.*

2 .. 3 . Selecta Numifmata antiqua; ex Mufæo Jacobi de Wilde. *Amft.* 1692, *in*-4. *fig. v. b.*

4 . 4 . Effai fur les Monnoyes, par M. Dupré de St. Maur. *Paris*, 1746, *in*-4. *v. m.*

la vie du duc d'orleans. mr de prevan.

actes de la paix d'utrecht. mr l'abbé pluquet.

observations de belou. mr de prevan.

le pourtraict de nas Jan... mo de strenan.

abreige de vapinthoyvas. mo de strenan.

Histoire de l'Académie Royale des Inscriptions &
Belles-Lettres. *Paris, de l'Imp. Royale*, 1717,
30 *vol. in-*4. *fig. v. m.* *166-6*

Narration véritable de l'exécrable conspiration du
Parti papiste, contre la vie de sa sacrée Majesté, le
Gouvernement d'Angleterre, &c. par Tite
Oates. 1679, *in-*12. *vel.* *2-1*

Mémoires du Regne de George I, Roi de la Grande-
Bretagne. *La Haye*, 1729, 5 *vol. in-*12. *v. f.* . *2-12*

Histoire du Ministere du Chevalier Robert Walpool. *Amst.* 1764, 3 *vol. in-*12. —— Testament
politique du Chevalier Walpool. *Amst.* 1767,
2 *vol. in-*12. *v. m.* *5*

Histoire de la Rébellion & des Guerres civiles
d'Angleterre, par Clarendon. *La Haye*, 1704,
6 *vol. in-*12. *v. b.* *3-13*

Histoire d'Ecosse, par Robertson. *Londres*, 1764,
2 *vol. in-*12. *v. m.* *9*

Histoire de Marie Stuart, Reine d'Ecosse. *Londres*,
1742, 2 *vol. in-*12. *v. m.* *3-1*

N°. XXIX. 204 *vol. in-*8. & *in-*12. *dont :*

Lettres & Négociations de Jean de Witt. *Amsterd*
1725, 5 *vol. in-*12. *v. m.* *1-19*

Le Véritable Portrait de Guillaume Henri de Nas-
sau, nouvel Absalon, nouvel Hérode, nouveau
Cromwel, nouveau Néron. *in-*12. *v. m.* . . . *2-9*

Les Délices de la Grande-Bretagne & de l'Irlande,
par Beverel. *Leyde*, 1707, 8 *tom. rel. en* 7 *vol.*
*in-*12. *fig. v. f.* *9-19*

Abrégé de l'Histoire d'Angleterre de Rapin Thoyras. *La Haye*, 1730, 10 *vol. in-*12. *v. m.* . . *6-1*

3--16 Abrégé chronologique de l'Histoire d'Angleterre. *Amst.* 1730, 7 *vol. in-*12. *v. m.*

4 Les Délices de la Hollande. *La Haye*, 1726, 2 *vol. in-*12. *fig.*

1--16 Etat présent de la République des Provinces-Unies, par Janiçon. *La Haye*, 1729, 2 *vol. in-*12. *v. b.*

1--16 Histoire de la République des Provinces-Unies des Pays-Bas. *La Haye*, 1704, 4 *vol. in-*12. *v. m.*

3--4 Histoire du Prince François Eugene de Savoye. *Amst,* 1740, 5 *vol. in-*12. *v. m.*

14 L'Etat & les Délices de la Suisse. *Amst.* 1730, 4 *vol. in-*12. *fig. v. m.*

34-19 Procès criminels des Comtes d'Egmont, du Prince de Horne, & autres Seigneurs Flamands, faits par le Duc d'Albe. *Amst.* 1753, 2 *vol. in-*12. *v. m.*

6 Histoire de l'Empire, par Heiss. *Paris,* 1731, 10 *vol. in-*12. *v. b.*

3 La Vie de l'Empereur Charles V, trad. de Leti. *Bruxelles*, 1726, 4 *vol. in-*12. *v. f.*

Nº. XXX. 100 *vol. in-*8. & *in-*12. *dont :*

7--10 Histoire des Ducs de Bretagne. *Paris*, 1739, 6 *vol. in-*12. *v. m.*

3 Mémoires historiques sur la Province de Champagne, par Baugier. *Chalons*, 1721, 2 *vol. in-*12. *v. b.*

6-2 Nobiliaire de Dauphiné, par Allard. *Grenoble*, 1671, *in-*12. *v. f.*

915 L'Etat & le Nobiliaire de la Provence, par l'Abbé Robert de Briançon. *Paris*, 1693, 3 *vol. in-*12. *v. b.*

proces des comtes d'egmont. sur la bellangeraie.

recueil des figures. ms de prevan.

traité des parlemens. ms de ~~prevan~~ l'abbé pluquet.

treize livres des parlemens. ms de prevan.

Recueil des Figures , Groupes , Termes , &c. tels qu'ils fe voient dans le Château & Parc de Verfailles, gravées par Thomaffin. *Paris, 2 vol. in 8. v. m.* 8

Hiftoire de l'origine de la Royauté. *Paris , in-12. fig. v. m.* 1 - 11

Traité des Parlemens ou Etats-Généraux, par Picault. *Cologne , 1679, in-12. vel.* 3

L'Efprit de la Ligue , par M. Anquetil. *Paris, 1767, 3 vol. in-12. v. m.* 4 - 4

Mémoires du Duc de Villars. *La Haye , 1734, 3 vol. in-12. v. f.* 3 - 1

Hiftoire de la Ville de Paris. *Paris , 1735 , 5 vol. in-12. v. f.* 7 - 4

N°. XXXI. 41 *vol. in - fol. dont :*

Bibliotheque Orientale , par d'Herbelot. *Paris , 1697 , in-fol. v. b.* 14 - 2

Armorial de la Ville. *in-fol. m. r.* 4 - 4

Recueil des Titres concernant les fonctions, &c. des Tréforiers de France, par Fournival. *Paris , 1655 , in-fol. v. b.* 12 - 16

Treize Livres des Parlemens de France, par de la Roche Flavin. *Bordeaux , 1617 , in-fol. v. b.* 37 - 10

Hiftoire de St. Louis, Roi de France, par Jean Sire de Joinville , avec les notes de Ducange. *Paris , 1668 , in-fol. v. m.* 28

Les Mémoires de Caftelnau , avec les notes de M. le Laboureur. *Bruxelles , 1731 , 3 vol. in-fol. v. m.* 24 - 5

Les Mémoires de M. le Duc de Nevers. *Paris , 1665 , 2 vol. in-fol. v. b.* 6 - 4

Davidis Teniers Theatrum Pictorium. *Antuerpiæ*, 1684, *in-fol. v. b.* Anciennes épreuves.

Hiftoires de Charles VI, Charles VII & Charles VIII, par Denis Godefroy. *Paris*, 1653, 3 *vol. in-fol. v. b.*

Mémoires des fages & royales économies d'Etat de Henri le-Grand, par Maximilien de Bethune, Duc de Sully. *Amft. aux V. verds*, 4 *tom. rel. en* 2 *vol. in-fol. v. b.*

Les Chroniques de Jehan Froiffart. *Paris, l'Huillier*, 1574, 4 *tom. rel. en* 1 *vol. in-fol. v. b.*

Les Chroniques d'Enguerrand de Monftrelet. *Paris, l'Huillier*, 1572, 3 *tom. rel. en* 1 *vol. in-fol. v. b.*

Délices Phyfiques choifies, ou Choix de tout ce que les trois regnes de la nature renferment de plus digne des recherches d'un amateur curieux, par Knorr. *Nuremberg*, 1766, 2 *vol. in-fol. gr. pap. fig. coloriées.*

Hortus Eyftettenfis Opera Bafilii Befleri. 1613, *in-fol. velin.* Anciennes & fuperbes Epreuves.

Premier Volume contenant quarante Tableaux ou Hiftoires diverfes qui font mémorables touchant les Guerres, Maffacres & Troubles advenus en France en ces dernieres années; le tout recueilli felon le témoignage de ceux qui y ont été en perfonne, & qui les ont vus, lefquels font pourtraits à la vérité. *in-fol. v. m.*

Il manque les Planches fuivantes:

La Rencontre des deux Armées à la Roche en Lymofin, &c.

Saint-Jean d'Angeli affiégé par le Roi Charles IX, &c.

On

teniers. aux moligny.

deliel des knov. en flon 150 rue dessravan.

traité des monnoies par poulain. mr de st cevan.

histoire de la cademie. mr de st cevan.

ceremonies nuptiales. mr la bellangeraie.

On a joint à cet Exemplaire les Figures fuivantes : La Singerie des Etats de la Ligue ,
tenus à Paris l'an 1593. —— Les Entre-paroles
du Manant de Ligué & du Maheutre. —— Le
Maffacre de la Saint-Barthelemy. —— Le Meur-
tte d'Henri IV.

N°. XXXII. 102 *vol. in-4. & in-12. dont :*

Hiftoire de l'Imprimerie & de la Librairie , par la
   Caille. *Paris* , 1689, *in-4. v. b.* 5
Jugemens des Savans fur les principaux ouvrages
   des Auteurs. *Paris* , 1722 , 8 *vol. in-4. gr. pap.*
   v. m. . . . . 13 . . 19
Philoftrate de la Vie d'Apollonius Thyaneen , de
   la traduction de Bl. de Vigenere. *Paris* , 1611 ,
   in-4. parch. . . . . 2 . . 12
Elogii di Capitani illuftri Scritti da Lorenzo Craffo.
   In Venezia , 1683 , *in-4. fig. v. b.* . . . . . 4 . . 4
Traité des Monnoies , par Poullain. *Paris* , 1709,
   in-12. v. f. . . . . 5 . . 2
Hiftoire de l'Académie Royale des Infcriptions &
   Belles-Lettres , par M. de Boze. *Paris* , 1740 ,
   3 *vol. in-8. v. m.* 3
Bibliotheque critique , par de Sainjore. *Bafle* , 1709.
   4 *vol. in-12. v. b.* . . . . 3 . . 19
Hiftoire de Conftantinople , par Coufin. *Paris* ,
   1685 , 10 *vol. in-12. v. m.* . . . . 8 . . 6
Trois Traités de la Nobleffe , par de Thierriat. *Pa-*
   ris , 1606 , *in-8. v. b.* 2
Cérémonies nuptiales de toutes les Nations , par de
   Gaya. *Paris* , 1680 , *in-12. v. b.* . . . . . . 4 . . 11

3 .. 1ˢ Traité des Feſtins, par Muret. *Paris*, 1682, *in-12.*
v. br.

6 .... Traité des Embaumemens ſelon les Anciens & les Modernes, par Penicher. *Paris*, 1699, *in-12.*
v. br.

3 .. 16 Traité hiſtorique ſur les Amazones, par Petit. *Leyde*, 1718, 2 *vol. in-12. fig. v. b.*

7 .. 15 Le Reveil de l'antique Tombeau de Chindonax, par Guenebault. *Paris*, 1623, *in-4.* avec la Figure.

4 .. 6. Hiſtoire des Oracles, par M. de Fontenelle. *Paris*, 1698. — Réponſe à l'Hiſtoire des Oracles, par le P. Balthus. *Strasbourg*, 1707 & 1708, 4 *vol. in-12 & in-8. v. b.*

N°. XXXIII. 207 *vol. in-8. & in-12. dont:*

2 .. 10 Hiſtoire de la Conqueſte des Iſles Moluques. *Amſt.* 1707, 3 *vol. in-12. v. b.*

33 .... Hiſtoire naturelle des Iſles Antilles de l'Amérique, par de Rochefort. *Lyon*, 1667, 2 *vol. in-12. fig v. b.*

10 .. 19 Relation hiſtorique de l'Ethiopie Occidentale, par le Pere Labat. *Paris*, 1732, 5 *vol. in-12. v. b.*

8 .. 4 Nouvelle Relation de l'Afrique Occidentale, par le Pere Labat. *Paris*, 1628, 5 *vol in-12. v. b.*

8 .. 1 Hiſtoire naturelle de l'Islande & du Groënland, par Anderſon. *Paris*, 1750, 2 *vol. in-12. fig. v. m.*

5 .. 1. Hiſtoire de l'Empire Ottoman, par le Prince Cantimir, trad. par de Joncquieres. *Paris*, 1743, 4 *vol. in-12. v. m.*

les embaumemens. mr vandry.

histoire des antilles, mr de st aevan.

histoire de l'islande. mr de st aevan.

histoire ottomane. mr de st aevan.

la vie de mahomet. m.de s.t. trevan.

memoires de granvelle. m.de s.t. trevan.

letat de l'espagne. m. merigot. s.t.

antiquités de paris. m. de devilleroy.

La Vie de Mahomet, par Gagnier. *Amst.* 1732, 2 *vol. in-*12. *v. b.* 5

La Vie de Mahomet, par le Comte de Boulainvilliers. *Amst.* 1731 ; *in-*12. *fig. v. b.* . . . 3 . . 12

Histoire des Rois de Pologne. *Amst.* 1733 , 4 *vol. in-*12. *v. f.* . . . . 2 . . 14

Histoire de Sobieski, Roi de Pologne, par l'Abbé Coyer. *Paris,* 1761 , 3 *vol. in-*12. *v m.* . . . . 4 . . 16

Mémoires du Regne de Pierre-le-Grand. *La Haye,* 1725 , 4 *vol. in-*12. *v. b.* . . . . 2 . . 8

Histoire des Révolutions de Hongrie. *La Haye,* 1739 , 6 *vol. in-*12. *v. m.* 3

Nº. XXXIV. 103 *vol. in-*8. & *in-*12. *dont :*

Mémoires pour servir à l'Histoire du Cardinal de Granvelle. *Paris,* 1753 , 2 *vol. in-*12. *v. m.* . . 4 . . 12

Histoire de Dannemarck, par des Roches. *Paris,* 1732 , 9 *vol. in-*12. *v. f.* . . . . 4 . . 13

Les Délices de l'Espagne & du Portugal, par de Colmenar. *Leyde,* 1715 , 5 *vol. in-*12. *fig. v. f.* 10 . . 17

L'Etat de l'Espagne, par l'Abbé de Vayrac. *Paris,* 1718 , 4 *vol. in-*12. *v. b.* . . . . 5 . . 1

La Vie de Philippe II, trad. de Gregorio Leti. *Amst.* 1734 , 6 *vol. in-*12. *v. m.* . . . . 6 . . 1

Nº. XXXV. 34 *vol. in-fol.* & *in-*4. *dont :*

Bibliotheque historique de la France, par M. de Fontette. *Paris,* 1768 , 5 *vol. in-fol.* Le Tom. V en feuilles. 6a

Histoire & recherche des Antiquités de la Ville de 18 . . 19

Paris, par Sauval. *Paris*, 1724, 3 *vol. in-fol.*
gr. pap. v. b.

12..14 Traité de la Cour des Monnoies, par Conſtans. *Paris*, 1638, *in-fol. v. b.*

9..16 La Vie de l'Amiral Ruiter. *Amſt.* 1698, *in-fol.* fig. v. b.

29..19 Dictionnaire étymologique de la Langue françoiſe, par Ménage. *Paris*, 1750, 2 *vol. in-fol.* v. m.

25.... Hiſtoire d'Eſpagne de Ferreras, trad. par M. d'Hermilly. *Paris*, 1751, 10 *vol. in-4. v. m.*

45.-10 Hiſtoire de l'Aſtronomie ancienne, par M. Bailly. *Paris*, 1775. —— Hiſtoire de l'Aſtronomie moderne, par le même. *Paris*, 1779, 3 *vol. in-4.* v. m.

21..1. Dictionnaire raiſonné des Domaines & Droits domaniaux. *Paris*, 1775, 2 *vol. in-4. v. m.*

6..19. Dictionarium latino-gallicum, ad uſum Delphini, Auctore Danetio. *Lugduni*, 1712, *in-4. v. m.*

N°. XXXVI.300 *v. in-4. in-8. & in-12. br. dont:*

48..1. Monde primitif analyſé & comparé avec le monde moderne, par M. Court de Gebelin. *Paris*, 1774, 6 *vol. in-4.*

24.... Les Bibliotheques Françoiſes de la Croix du Maine & de du Verdier, avec les notes de M. Rigoley de Juvigny. *Paris*, 1772, 6 *vol. in-4.*

98...5 Catalogue raiſonné des principaux Manuſcrits du Cabinet de M. de Cambis. *Avignon*, 1770, 2 *vol. in-4.*

132..19 Mémoires concernant les Impoſitions & droits en

traité delacour des monnoies mr deftouan.

astronomie. mr de de villeroy.

catalogue decambis. d patent.

voyage de cook 8. parte vt. fott a 60tt.

voyages de hawkesworth. un de stevan.

voyage aux moluques. un de stevan.
voyages del alpes n. flon. 6. un de stevan

Europe, par M. de Beaumont. *Paris, de l'Imp. Royale*, 1768, 4 *vol. in*-4.

Voyage à la nouvelle Guinée, par M. Sonnerat. *Paris*, 1776, *in*-4. *fig.* - - - - - - - - 15..4

Voyage dans l'Hémiſphere Auſtral & autour du Monde, par Jacques Cook. *Paris*, 1778, 5 *vol. in*-4. *fig.* - - - - - - - - 58..19

Relation des Voyages entrepris pour faire des découvertes dans l'Hémiſphere Méridional, par Hawkeſworth. *Paris.* 1774, 4 *vol. in*-4. *fig.* 30..19

La Conchyliologie, ou Hiſtoire naturelle des Coquilles de mer, d'eau douce, &c. par feu M. Dezallier d'Argenville; troiſieme édition augmentée par MM. de Favanne. *Paris*, 1780, 2 *vol. in*-4. & 1 *vol. de planches.* - - - - 97..4

Deſcription de l'Arabie, par Niebuhr. *Copenhague*, 1773, *in*-4. *fig.*

Voyage en Arabie & en d'autres pays circonvoiſins, par Niebuhr. *Amſt.* 1776, *in*-4. *fig.* 23..19

Voyage aux Moluques & à la Nouvelle-Guinée, par le Capitaine Forreſt. *Paris*, 1780, *in*-4. *fig.*, 13

Voyages dans les Alpes, par M. de Sauſſure. *Neufchâtel*, 1779. *in*-4. *fig.* - - - - - 7..12

Mémoires concernant l'Hiſtoire, les Sciences, &c. des Chinois, par les Miſſionnaires de Pekin. *Paris*, 1776, *in*-4. Tom. I. - - - - - 2..8

Hiſtoire générale de la Chine, publiés par M. l'Abbé Groſier. *Paris*, 1777; 6 *vol. in*-4. - - - 17..19

Voyage au Pole Boréal, fait en 1774, par Conſt. Jean Phipps. *Paris*, 1775, *in*-4. *fig.* - - 4..12

Hiſtoire du Royaume de Majorque, par M. d'Hermilly. *Maeſtricht*, 1777, *in*-4. - - - 3..19

6 -- 4 Traité de Méchanique, par M. l'Abbé Marie. *Pa-*
ris , 1774, *in· 4.*

4 -- ·· ·Voyages Métallurgiques de M. Jars. *Paris* , 1774 ,
in· 4. fig.

29 ·· 19 De l'Adminiſtration provinciale , & de la Réforme
de l'Impôt. *Baſle* , 1779, *in* 4.

88 -- 19 Hiſtoire naturelle de Pline , trad. par M. Poinſinet
de Sivri. *Paris* , 1771 , 11 *vol. in·* 4.

30 -- ·· Cours d'étude pour l'inſtruction du Prince de Parme. *Parme* , 1775 , 16 *vol. in* 8.

6 -- 19 Hiſtoire de l'Amérique, par Robertſon. *Paris,* 1778,
4 *vol. in-* 12.

5 -- ·· De la Religion, par un homme du monde. *Paris,*
1779, 6 *vol. in-8.*

136 ·· 2 Hiſtoire univerſelle , depuis le commencemenı du
monde juſqu'à préſent , trad. par une Société de
Gens de Lettres. *Paris,* 1779, 42 *vol. in-8.*

9 ·· 8 Hiſtoire de Ruſſie , tirée des chroniques originales,
de pieces authentiques , & des meilleurs Hiſto-
riens de la Nation. par M. Leveſque. *Paris,* 1782,
5 *vol. in-* 12.

30 -- 1 · Bibliotheque des Romans. *Paris* , 72 *vol. in-* 12.

N°. XXXVII. 54 vol. in· 4. dont :

20 De l'Origine des Loix , des Arts & des Sciences
& de leurs ptogrès chez les anciens Peuples , par
M. Goguette. *Paris* , 1758 , 3 *vol. in*4. *v. m.*

6 -- 12 · Le Droit de la Guerre & de la Paix , trad. du latin
de Grotius, par Barbeyrac. *Amſt.* 1729 , 2 *vol.*
in- 4. *v. b.*

6 -- 19 Le Droit de la Nature & des Gens, trad. du latin

de ladministration provinciale. un de prevan.
histoire de pline. un melon.

le droit de la guerre et de la paix. un de st cavan.
le droit de la nature et des gens un de st cavan.

origenes mirandry.

mem. de mileran. m. Hon. 55

de Pufendorf, par Barbeyrac. *Amſt.* 1706, 2 *tom.*
rel. en 1 *vol. in* 4. *v. b.*

La Religion Chrétienne démontrée par la réſurrec-
tion de N. S. J. C. trad. de l'anglois de M. Hom-
froi Ditton. *Paris,* 1729, *in-4. v. m.* . . . . 3 .. 19

Obſervation ſur le droit des Patrons & des Seigneurs
de Paroiſſes , par Ger. Ant. Guyot. *Paris ,* 1751,
in-4. v. m. . . . . 3 ... 8

Le Livre des Statuts & Ordonnances de l'Ordre de
St. Michel. *in - 4. v. f.* Exemplaire imprimé ſur
velin. 12

Traité d'Origene contre Celſe , trad. du grec, par
Elie Bonherean. *Amſt.* 1700 , *in-4. v. b.* . . . . 4 .. 15

Les Œuvres de Meſſire Ch. Joach. Colbert , Evêque de Montpellier. *Cologne ,* 1740, 3 *vol.*
in-4. v. m. . . . . 8 .. 1.

Nº. XXXVIII. 126 *vol. in-4. & in-12. dont :*

Mémoires pour ſervir à l'Hiſtoire des Hommes illuſtres dans la République des Lettres , par le P.
Niceron. *Paris ,* 1727 , & années ſuiv. 44 *vol.*
in-12. v. b. . . . . 57 .. 1.

La Sainte Bible en latin & en François , avec des
notes littérales & critiques , par Dom Aug.
Calmet. *Paris ,* 1748, 14 *vol. in-4. fig. v. éc.*
d. ſ. t. 72

Dictionnaire hiſtorique & critique de la Sainte
Bible. *Paris ,* 1776. *Le Tom. I. in* 4. br. en
carton. 1 10

Hiſtoire du vieux & du nouveau Teſtament , repré-
ſentée avec des fig. par le ſieur de Royaumont.
Paris , 1670, *in-4. v. m.* . . . . 45 ... 1

6.-19 De l'Abus des Nudités de gorge. *Paris*, 1677, *in*-12. *v. b.*

4.-15 Les Provinciales, par Blaise Pascal. *Amst.* 1735, 4 *vol. in*-12. *v. jaspé.*

4.-19 Les Imaginaires, ou Lettres sur l'Héréfie imaginaire, par Nicole. *Liege*, 1667, 2 *vol. in*-12. *v. jaspé.*

3.---- Histoire générale du Janséniſme. *Amst.* 1700, 3 *vol. in*-12. *veau jaspé.*

6.-15 Histoire des Sacremens, par le R. P. Dom Chardon. *Paris*, 1745, 6 *vol. in*-12. *v. jaspé.*

4.-5 La ſauce Robert, par Thiers. *in* 8. *v. m.*

2.-19 De la plus ſolide, la plus néceſſaire & ſouvent la plus négligée de toutes les dévotions, par Thiers. *Paris*, 1702, 2 *vol. in*-12. *v. b.*

3.-10 Histoire des Perruques, par Thiers. *Paris*, 1690, *in*-12. *v. b.*

6.-15 Traité des Superſtitions, par le même. *Paris*, 1741, 4 *vol. in*-12. *v. jaspé.*

N°. XXXIX. 141 *vol. in*-8. & *in*-12. *dont :*

8.-4 Explication ſimple & littérale des Cérémonies de l'Egliſe, par Claude de Vert. 1706, 4 *vol. in*-8. *v. b.*

4.-4 Traités ſinguliers & nouveaux contre le Pa̅ganiſme du Roy-boit, par Jean Deslyons. *Paris*, 1670, *in*-12. *v. b.*

3.---- Réſolutions de pluſieurs Cas de conſcience, par Mre. Jacques de Saintebeuve. *Paris*, 1715, 3 *vol. in*-8. *v. b.*

3.-14 Heures imprimées ſur velin. *Paris*, 1498, *in*-8. *fig. v. f.*

La

les anditez de gorge... de st cervan. ... vigot. 4.^tt

les seminaires. ... vigot. 6.^tt

histoire des pervenges. ... de st cervan.

les ceremonies de l'eglise de ... l'abbé pluquet
traité du roy boit. ... vigot. 3^tt 16^s

les chevilles de notre adam, au dessus de...

La Sainte Meſſe , où ſont repréſentés , par les actions du Prêtre, les Myſteres de la Paſſion. *Pa-*
ris , in-8. fig. mar. verd. dent. - - - - - - - - - 3 .. 15

L'Année Chrétienne , par M. le Tourneux. *Paris ,*
1700, 13 vol. in-12. v. b. - - - - - - - - 9

Mandement & Inſtruction Paſtorale de Monſeigneur
l'Evêque de Soiſſons. *Paris, 1770 , 6 vol. in-12.*
v. jaſpé. - - - - - - - - - 3 .. 10

Hiſtoire des Controverſes & des Matieres Ecclé-
ſiaſtiques , par Louis du Pin. *Paris, 1699, 55 vol.*
in-8. v. jaſpé. - - - - - - - - 36 .. 10 ♌

Abrégé de l'Hiſtoire de l'ancien Teſtament , par
Mezanguy. *Paris, 1737 , 10 vol. in-12. v. m.* - 16

N°. XL. 64 *vol. in-8. & in-12. dont :*

La Sainte Bible , en latin & en françois , par M. le
Maiſtre de Sacy. *Bruxelles , 1723 , 40 vol. in-8.*
veau jaſpé , fil. d'or. - - - - - - - - 45

Le Nouveau Teſtament en françois, avec les notes
du P. Queſnel. *Paris , 1705 , 8 vol. in-8. v. b.* - 6 .. 14

Méditation ſur la Concorde de l'Evangile. *Paris ,*
1730, 3 vol. in-12. v. b. - - - - - - - 3 .. 16

N°. XLI. 73 *vol. in-4. dont :*

Le Théâtre des Grecs , par le R. P. Brumoy. *Paris,*
1730, 3 vol. in-4. v. b. - - - - - - - 21 .. 19

Les Chevilles de Maître Adam , Menuiſier de Nevers. *Paris , 1644 , in-4. v. b.* - - - - - 7 .. 12 ♌

Œuvres de J. B. Rouſſeau. *Bruxelles (Paris) 1743,*
3 vol. in-4. v. m. - - - - - - - - 49

Œuvres de M. de la Fontaine. *Anvers*, 1726, 2 *vol. in-4. v. b.*

Les Œuvres de M. de Voltaire. *Geneve*, 1768, les 12 premiers vol. *in-4. fig. v. éc. d. ſ. t.*

Nova Plantarum americanarum genera, Auctore P. Carolo Plumier. *Pariſiis*, 1703, *in-4. fig.*

Expoſition anatomique de la ſtructure du corps humain, par Winſlow. *Paris*, 1732, *in-4. fig. v. br.*

Dictionnaire univerſel des Drogues ſimples, par l'Emery. *Paris*, 1733, *in-4. fig. v. b.*

Hiſtoire générale des Drogues ſimples & compoſées par Pomet. *Paris*, 1735, 2 *vol. in-4. fig. v. b.*

Les Devins, ou Commentaires des principales ſortes de devinations, trad. du latin de Gaſpard Pencer. *Lyon*, 1584, *in fol. velin.*

Nouveau Commentaire ſur l'Ordonnance de la Marine, du mois d'août 1681, par M. Valin. *La Rochelle*, 1760, 2 *vol, in-4. v. m.*

Inſtruction pour les Jardins fruitiers & potagers, par M. de la Quintinye. *Paris*, 1730, 2 *vol. in-4. v. jaſpé.*

Eſſai philoſophique concernant l'entendement humain, trad. de l'anglois de Locke, par M. Coſte. *Amſt.* 1729, *in-4. v. b.*

La Poétique d'Ariſtote, trad. en françois, avec des Remarques par M. Dacier. *Paris*, 1692, *in-4. v. br.*

Quintilien de l'Inſtitution de l'Orateur, trad. par M. l'Abbé Gédoyn. *Paris*, 1718, *in-4. v. b.*

Cinquante Jeux divers d'honnête entretien induſtrieuſément inventés par Innocent Rhinghier. *Lyon*, 1555, *in-fol. vel.*

nova plantarum in floc. 8. in de st æ van.

essai philosophique in de st æ van.

quintilien. in v andry.

Tilliard

Salin que d'Amolatz. neston 15e

Leix noble (...) uns de provani

memorial des tailles uns de provani

Des principes de l'Architecture, de la Sculpture, de la Peinture & des autres Arts qui en dépendent, par Félibien. *Paris*, 1676, *in-*4. *v. b.* ... 4..12

N°. XLII. 130 *vol. in-*4. *& in-*12. *dont :*

Bibliotheque françoise, ou Histoire de la Littérature françoise, par M. l'Abbé Goujet. *Paris*, 1740, 13 *vol. in-*12. *v. jaspé.* ... 10..10

Mémoires de littérature, par M. de Salengre. *La Haye*, 1715, 4 *vol. in-*12. *v. b.*
Continuation des Mémoires de Littérature & d'Histoire de M. de Salengre, par Desmolets. *Paris*, 1726, 11 *vol. in-*12. *v. b.* } 23..19

Théorie des Loix civiles ou principes fondamentaux de la Société, par M. Linguet. *Londres*, 1767, 2 *vol. in-*12. *v. m.* ... 6..69

Nouveau Commentaire sur la Coutume de la Rochelle & du pays d'Aulnis, par M. Valin. *La Rochelle*, 1756, 3 *vol. in-*4. *v. m.* ... 25..4

Nouvelle Introduction à la Pratique, ou Dictionnaire des termes de Pratique & de Droit, par de Ferriere. *Paris*, 1734, 2 *tom. rel. en* 1 *vol. in-*4. *v. b.* ... 3

Mémorial alphabétique des choses concernant la Justice, la Police & les Finances de France sur le fait des Tailles. *Paris*, 1742, *in-*4. *v. m.* ... 28..13

La Pratique universelle pour la rénovation des Terriers & des Droits seigneuriaux, par Edme de la Poix de Freminville. *Paris*, 1746, *in-*4. *basanne.* ... 3

Traité des Fiefs, tant pour le pays coutumier que 21..19

pour les pays de droit écrit, par Guyot. *Paris*,
1746, 4 *vol. in-4. v. m.*

Politique tirée des propres paroles de l'Ecriture
Sainte, par Boffuet. *Paris*, 1709, *in-4. v. b.*

N°. XLIII. 144 *vol. in-8. & in-12. dont :*

Hiftoire de la condamnation des Templiers, par
P. Dupuy. *Bruxelles*, 1713, 2 *vol. in-8. v. b.*

Traduction françoife du Livre des Conformités.
Amfterdam, 1734, 2 vol. *in-12.* Fig. de Bernard Picart. *v. jafpé.*

Traité de l'Autorité du Pape. *La Haye*, 1720,
3 *vol. in-12. v. b.*

L'Invocation & l'Imitation des Saints pour tous les
jours de l'année. *Paris*, 1687, 2 *vol. in-16.*
fig. v. b.

Hiftoire de l'Abbaye de Port-Royal. *Cologne*,1752,
6 *vol. in-12. v. jafpé.*

Hiftoire abrégée de la derniere perfécution de Port-
Royal. 1750, 3 *vol. in-12. v. jafpé.*

Hiftoire générale de Port-Royal depuis la réforme
de l'Abbaye jufqu'à fon entiere deftruction. *Amft.*
1755, 10 *vol. in-12. v. jafpé.*

Les très-merveilleufes victoires des Femmes du
nouveau Monde, par Poftel. *Paris*, 1559, *in-12.*
m verd. Edition réimprimée.

Réfutation des Erreurs de Benoît de Spinofa. *Bru-*
xelles, 1731, 2 *vol. in-12. v. m.*

L'Alcoran de Mahomet, traduit d'arabe en françois, par le fieur du Ryer. *La Haye*, 1685,
in-12. v. b.

Invocation des saincts mode ffaevan.

les jesuites sur le chassant mur de toulouse.

clarke. m.r andry. murmoli jny.
theologie astronomique. lememe.
la phisique. lememe.
des insectes lememe.

les verités lememe.

La Religion des Mahométans, par Reland. *La Haye*, 1721, *in-12. fig. v. f.* . . . . 4..12

Les Jésuites mis sur l'échafaut. 1649, *in-16. v. b.* . . 1...10

N°. XLIV. 140 *vol. in-8. & in-12. dont :*

Preuves de la Religion de Jesus - Christ contre les Spinosistes & les Déistes. *Paris*, 1751, 4 *vol. in-12. v. j.* . . . . .2.

Traité de l'Existence & des Attributs de Dieu, par M. Clarke. *Amst.* 1727, 3 *vol. in-12. v. f.* . . . 6..19

Théologie Astronomique, par Derham. *Paris*, 1729, *in-8. v. b.*

Théologie physique, ou démonstration de l'existence de Dieu, trad. de l'anglois, par J. Lufneu. *Rotterdam*, 1730, *in--8. v. b.* 15..5

Théologie des Insectes, ou démonstration des perfections de Dieu dans tout ce qui concerne les Insectes, trad. de l'allemand par M. Lyonnet. *Paris*, 1745, 2 *vol. in-8. basanne.*

Les trois Vérités, par Pierre Charron. *Bordeaux*, 1595, *in-8. parch.* . . . . 3..10

Instructions Chrétiennes de M. Singlin. *Utrecht*, 1736, 11 *vol. in-12. v. m.* . . . . 6..14

Instructions générales en forme de Catéchisme, par M. Colbert, Evêque de Montpellier. *Paris*, 1702, 5 *tom. rel. en* 4 *vol. in-12. v. b.* . . . . . 8..10

Histoire du Cas de conscience. *Nancy*, 1705, 8 *vol. in-12. v. b.* . . . . 2..19

N°. LXV. 42 *vol. infol. & in-4. dont :*

Le Temple des Muses, avec les Figures de Ber- 90 . . .

nard Picart. *Amft.* 1733, *in-fol. v. m.* Superbes épreuves.

30 .... Atlas ou Recueil des Cartes géographiques, par de Fer. *Paris*, 1709, 2 *vol. in-fol. v. b.*

17 .. 10 Cartes géographiques par de l'Ifle. 2 *vol. in-fol.* oblong.

59 ... Sieges de la Rochelle, l'Ifle de Rhé & de Bréda, avec Figures gravées par Jacques Callot. *in-fol. v. m.*

10 .. 19 Defcription des Fêtes données par la ville de Paris, à l'occafion du mariage de Madame Louife Elizabeth de France. *Paris*, 1740, *in-fol. fig. v. m.*

12 .. 1. Plan de la Ville de Paris dreffé par l'Abbé de la Grive, par ordre de M. Turgot. *in-fol. veau marbré.*

18 .... Le même plan de Paris. *in-fol. mar. r. dent.*

18 .. 19 Recueil de cent Eftampes repréfentant différentes Nations du Levant. *Paris*, 1714, *in-fol. v. b.*

235 .. 5 La Gallerie du Palais du Luxembourg, peinte par Rubens, deffinée par le fieur Nattier, & gravée par les plus habiles graveurs du temps. *Paris*, 1710, *in-fol. v. m.* Anciennes & fuperbes Epreuves.

15 .... Nobiliaire de Chevillard. *in-fol. v. m.*

15 .. 19 Les Plans, Profils & Elévations des Ville & Château de Verfailles. *Paris*, *in-fol. v. m.*

48 .... Le Sacre de Louis XV. *in-fol, m. r. dent. doublé de tabis.*

148 .. 1. Recueil d'Eftampes connu fous le nom de cabinet de Crozat. *Paris, de l'Imp. Royale*, 1729, 2 *tom. rel. en* 1 *vol. in-fol. v. m.* Anciennes & fuperbes Epreuves.

Siege de la rochelle sur perthuis.

histoire des glacières. un melon. un de Screvan.

monumens de Louis quinze. un de Screvan.

œuvres de la monnaye. un de Levilleroy. un de Screvan.

le cabinet du roi. un de Toulouse.

Œuvres de M. de Crébillon. *Paris, de l'Imprimerie Royale*, 1750, 2 *tom. rel. en* 1 *vol. in*-4. *v. m.* .... 13^{tt}..10

Histoire naturelle des Glacieres de Suisse, par M. de Keralio. *Paris*, 1770, *in*-4. *v. m.* 15

Monumens érigés en France à la gloire de Louis XV, par M. Patte. *Paris*, 1765, *in-fol. fig.* En feuilles. .... 12.

Œuvres choisies de Bernard de la Monnoye. *Paris,* 1770, 2 *vol. in*-4. En feuilles. 9. 2

Suite & arrangement des vol. d'Estampes dont les Planches sont à la Bibliotheque du Roi. *Paris, de l'Imprimerie Royale,* 1727, *in*-4. *m. viol.*

Tableaux du Roi représentant sept sujets de l'ancien Testament, vingt-deux du nouveau, cinq de la Fable, un de l'Histoire profane & trois allégoriques. *in-fol. m. viol.*

Tableaux du Roi représentant cinq sujets de l'Histoire d'Alexandre-le-Grand. *in-fol. m. viol.*

Médaillons antiques du Cabinet du Roi. *in-fol. m.* violet.

Plans, Elévations & Vues des Châteaux du Louvre & des Thuileries. *in-fol. m. viol.*

Plans, Elévations & Vues du Château de Versailles. *in-fol. m. viol.*

Grotte, Labyrinthe, Fontaines & Bassins de Versailles. *in-fol. m. viol.*

Statues du Roi antiques & modernes à Versailles. *in-fol. m. viol.*

Termes, Bustes, Sphinx & Vases du Roi à Versailles. *in-fol. m. viol.*

Tapisseries du Roi. *in-fol. m. viol.*

1500

Carrousel, Courses de Tête & de Bague. *in-fol. m. viol.*

Fêtes de Versailles. *in-fol. m. viol.*

Plans, Elévations, Vues, Coupes & Profils de l'Hostel Royal des Invalides, *in-fol. m. viol.*

Autres Plans, Profils, Elévations & Vues de différentes Maisons Royales. *in-fol. m. viol.*

Desseins, Profils & Vues de quelques lieux de remarques, avec divers plans détachés de Villes, Citadelles & Chasteaux. *in-fol. m. viol.*

Plans & Profils appellés communément les petites Conquestes, servant à l'Histoire de Louis XIV. *in-fol. m. viol.*

Vues, Marches, Entrées, Passages & autres sujets servant à l'Histoire de Louis XIV. *in-fol. m. violet.*

Vues, Entrées & autres sujets servans à l'Histoire de Louis XIV. *in-fol. m. viol.*

Paysages, Morceaux d'études, &c. *in-fol. mar. violet.*

Plans, Profils, Vues de Camps, Places, Sieges & Batailles, servant à l'Histoire de Louis XIV. *5 vol. in fol. m. viol.*

Exemplaire de présent du Roi, dont toutes les épreuves en général sont belles.

Histoire naturelle des Oiseaux, par M. de Buffon. *Paris*, 1771, *3 vol. in-fol. très-gr. pap. en feuil.* & 912 Fig. coloriées.

N°. XLVI. 225 *vol. in-4. & in-12. dont :*

Fables d'Esope, avec les fig. de Sadeler. *Paris,* 1689, *in-4. mar. bleu.*

Fables

les deipnosophistes. mr pertuis.

le fort inexpugnable. mr pertuis.

Fables diverses tirées d'Ésope & d'autres divers Auteurs. *Paris*, 1659, *in 4. fig. v. b.* — — — . .

Les quinze Livres des Deipnosophistes d'Athenée, trad. par l'Abbé de Marolles. *Paris*, 1680, *in·4. fig. v. b.* — — — — — —

Les Essais de Michel Seigneur de Montaigne. *Paris*, 1725, 3 *vol. in-4. v. b.* — — — —

Œuvres mêlées de M. de Saint-Evremond. *Londres*, 1709, 3 *vol. in-4. v b.* — — — . .

Le Fort inexpugnable de l'honneur du Sexe féminin, par François de Billon, Secrétaire. 1555, *in-4. mar. à compartimens. Superbe Exemplaire.* On trouve à la tête de ce volume un portrait d'Alexandre-le-Grand, très-bien peint en miniature sur velin, avec des ornemens en or & en couleur très-délicatement peints. — — . . .

Les Gymnopodes, ou de la nudité des pieds, par Sébastien Rouillard. *Paris*, 1624, *in-4. Parch.*

Recueil de Pieces très-rares contre le Cardinal Duc de Richelieu, dont : l'Ambassadeur chimérique, ou le Chercheur de Dupes du Cardinal de Richelieu. 1643. —— Sur l'enlévement des Reliques de St. Fiacre, apportées de la ville de Meaux, pour la guérison du cul de M. le Cardinal de Richelieu. *En Anvers*, 1643, piece en vers de la plus grande rareté. —— Abrégé de la vie du Cardinal de Richelieu, pour lui servir d'Epitaphe. —— La Farce du Cardinal aux enfers. —— Testament de M. le Cardinal Duc de Richelieu. —— Dialogue du Cardinal de Richelieu voulant entrer en paradis, & sa descente aux enfers, Tragi-Comédie. *Paris*, 1643. —— Le Trésor des Epitaphes pour & contre le Cardinal, imprimé par J. I. *à Anvers , in-4. parch.*

3 — 12 Les intérêts préfens des Puiffances de l'Europe , par M. Rouffet. *La Haye , 1734 , 9 vol. in-12. v. jafpé.*

3 — 1 Queftion Royale & fa décifion. *Paris, 1609, in-12. m. rouge.*

2 — 3 Mémoires & Négociations fecrettes de diverfes Cours de l'Europe, par M. de la Torre. *La Haye, 1721 , 3 vol. in12. v. f.*

4 — 12 Difcours fur le Gouvernement, par Sidney. *La Haye , 1702, 3 vol. in-12. v. b.*

4 — 5 Recepte véritable par laquelle tous les hommes de la France pourront apprendre à multiplier leurs tréfors. *La Rochelle , 1564 , in-4. parch.*

13 — 5 Traité politique, par William Allen , dans lequel il eft prouvé, par l'exemple de Moyfe & autres, que tuer un Tyran n'eft pas un meurtre. *in-12. v. b.* Manque le Frontifpice.

24 — Vive defcription de la Tyrannie & des Tyrans, avec les moyens de fe garantir de leur joug. *Rheims , 1577.* — Réfolution claire & facile fur la queftion tant de fois faite de la prife des armes par les inférieurs , où il eft monftré par bonnes raifons , tirées de tout droit divin & humain , qu'il eft permis & licite aux Princes, Seigneurs, & Peuple inférieur, de s'armer, pour s'oppofer & réfifter à la cruauté & félonie du Prince fupérieur , voire mefme néceffaire, pour le devoir duquel on eft tenu au Pays & République. *Rheims , 1577, in-16. parch.*

2 — Difcours économique non moins utile que récréatif

vive description des tirans murs de toulouse.

l'art de connoitre les femmes. m. de la maillardiere. 1ʰ 10ˢ

monstrant comme de cinq cents livres pour une
fois employés, l'on peult tirer par an quatre mil
cinq cents livres, par M. Prudent le Choyselat.
Rouen, 1612. in-12. v. m.

De la Puissance légitime du Prince sur le Peuple &
du Peuple sur le Prince, par Junius Brutus. 1581,
in-8. m. r. Superbe Exemplaire.

Œuvres de Machiavel. *La Haye*, 1743, 6 *vol.*
in-12. v. f.

Institution d'un Prince, par M. Duguet. *Leyde*,
1739, in-12. v. jaspé.

Idée d'une République heureuse, ou l'Utopie de
Thomas Morus, trad. en françois par M. de
Gueudeville. *Amst.* 1730, in-12. fig. v. f.

Recueil de Maximes véritables & importantes pour
l'institution du Roi. *Paris*, 1663, in-12. velin.

Science des Princes, ou Considérations politiques
sur les Coups d'Etat, par Gabriel Naudé. 1752,
2 *vol.* in-12. v. jaspé.

N°. XLVII. 152 *vol.* in-8. & in-12. dont :

De la Sagesse, trois Livres par Pierre Charron. *Leyde,
Elzevier*, 1646, in-12. v. jaspé.

L'Art de connoître les Femmes, avec une dissertation sur l'Adultere, par le Chevalier Plante-amour.
La Haye, 1730, in-12. v. jaspé.

L'Ecole du Monde, ou Instruction d'un pere à son
fils, par le Noble. *Paris*, 1700, 6 *vol.* in-12.
v. f.

Théâtre du Monde, par Simon Goulart. *Amst.*
1657, in-12. fig. parch.

Traité de l'Opinion, par Charles le Gendre. *Paris*, 1735, 7 *vol. in*-12. *v. jaspé.*

La Fable des Abeilles, ou les Frippons devenus honnêtes gens. *Londres*, 1750, 4 *vol. in*-12. *v. jaspé.*

Les Œuvres de Platon, trad. en françois par M. Dacier. *Paris*, 1699, 2 *vol. in*-12. *v. b.*

Les Vies des plus illustres Philosophes de l'Antiquité, trad. du grec de Diogene Laërce. *Amst.* 1758, 3 *vol. in*-12. *fig. v. jaspé.*

Les hipotiposes ou Institutions Pironiennes de Sextus Empiricus. 1725, *in*-12. *v. jaspé.*

La Morale de Confucius, Philosophe de la Chine. *Amst.* 1688, *in*-12. *v. f.*

Nouvelle Encyclopédie portative, ou Tableau général des connoissances humaines. *Paris*, 1766, 2 *vol. in*-8. *v. m.*

Réflexions morales de l'Empereur Marc Antonin. *Amst.* 1710, 2 *tom. rel. en* 1 *vol. in*-12. *v. f.*

N°. XLVIII. 140. vol. in-8. & in-12. dont :

Causes célebres & intéressantes, avec les jugemens qui les ont décidées. *Paris*, 1734, 20 *vol. in*-12. *v. br.*

Code Fréderic, ou Corps de droit pour les Etats de S. M. le Roi de Prusse. 1751, 3 *tom. rel. en* 2 *vol. in*-8. *v. m.*

La République de Platon, ou Dialogue sur la Justice. *Paris*, 1762, 2 *vol. in*-12. *v. jaspé.*

Dictionnaire portatif des Arts & Métiers. *Paris*, 1766, 5 *vol. in*-8. *v. m.*

les hipotiposes. mr audrys. mr de st cevan.

code frederic. mr de st cevan.

dictionnaire des arts. mr de st cevan.

esprit des loix romaines. sur l'abbé pluquet.
essai sur le droit naturel in-une-rigot. 6.

observation sur les écrits. in de st cervan.
jugemens sur quelques ouvrages. in de st cervan.
le pauvret contre. in de st cervan.

Secrets concernant les Arts & Métiers. *Bruxelles*, 1747, 2 *vol. in*-12. *v. m.*

Secrets concernant les Arts & Métiers. *Rouen*, 1724, 2 *vol. in*-12. *v. f.*

Histoire critique de la Philosophie, par M. Deslandes. *Amst.* 1737, 3 *vol. in*-12. *v. jaspé.*

Si la Torture est un moyen sûr à vérifier les crimes secrets, Dissertation morale & juridique, par Augustin Nicolas. *Amsterdam*, 1681, *in*-8. *v. brun.*

Esprit des Loix Romaines, ouvrage trad. du latin de Gravina, par M. Requier. *Amst.* 1766, 3 *vol. in*-12. *v. m.*

Essai sur l'Histoire du Droit naturel. *Londres*, 1757, 2 *vol. in*-8. *v. m.*

Abrégé de la République de Bodin. *Londres*, 1755, 2 *vol. in*-12. *v. m.*

Le Droit des Gens, ou Principes de la loi naturelle, par M. de Vattel. *Londres*, 1758, 3 *vol. in*-12. *v. m.*

N°. XLIX. 142 *vol. in*-4. *in*-8. & *in*-12. dont :

Observations sur les écrits modernes. *Paris*, 1735, 33 *vol. in*-12. *v. f.*

Jugemens sur quelques Ouvrages nouveaux. *Avignon*, 1744, 11 *vol. in*-12. *v. jaspé.*

Le Pour & Contre, Ouvrage périodique d'un goût nouveau. *Paris*, 1733, 11 *vol. in*-12. *v. b.*

Livre de diverses Vues des environs de Paris, par Nic. Bailly. *in*-4. *oblong.*

Voyages faits principalement en Asie, par Pierre Bergeron. *La Haye.* 1735, 2 *vol. in*-4. *v. f.*

Les Dons de Comus, ou l'Art de la Cuisine, réduit en pratique. *Paris*, 1750, 3 *vol. in-*12. *basanne,*

Les Soupers de la Cour, ou l'Art de travailler toutes sortes d'Alimens. *Paris*, 1755, 4 *vol. in-*12. *basanne.*

N°. L. 135 *vol. in-*8. & *in-*12. *dont :*

Dictionnaire raisonné universel d'Histoire Naturelle, par M. Valmont de Bomare. *Paris*, 1764, 6 *vol. in-*8. *v. m.*

Art de faire éclorré & d'élever en toute saison des oiseaux domestiques de toute espece, par M. de Réaumur: *Paris, de l'Imprimerie Royale*, 1749, 2 *vol. in-*12. *v. m.*

Histoire naturelle des Abeilles, avec des figures en Taille-douce. *Paris*, 1744, 2 *vol. in-*12. *v. m.*
Abrégé de l'Histoire des Insectes. *Paris*, 1764, 2 *vol. in-*12. *fig. v. m.*

Les Œuvres d'Hippocrate trad. en françois. *Paris*, 1697, 2 *vol. in-*12. *v. f.*

Traité de l'Aiman, par Dalencé. *Amst.* 1687, *in-*12. *fig. v. b.*

Le Parfait Joyaillier, ou Histoire des Pierreries, par Boece de Boot. *Lyon*, 1644, *in-*8. *v. m.*

Histoire naturelle de la Fontaine qui brûle près de Grenoble, par J. Tardin. *Tournon*, 1618, *in-*12. *v. m.*

Telliamed, ou Entretiens d'un Philosophe Indien avec un Missionnaire François. *Amst.* 1748, 2 *tom. rel. en* 1 *vol. in* 8. *v. jaspé.*

Mémoire présenté à Son Altesse Royale Monseigneur

hippocrate. mirandvy.

M. Blondel

le Duc d'Orléans, concernant la précieuse Plante du Gin-Seng de Tartarie. *Paris*, 1718, *in-12.* Avec la figure.

Trois Livres des apparitions des Esprits, par Loys Lavater. *Zurich*, 1581, *in-12. v. jaspé.*

Recueil de différens Traités de Physique & d'Histoire naturelle, par M. Deslandes. *Paris*, 1738, 3 *vol. in-12. v. f.*

Traité des Eunuques, par Dalincan. 1707, *in-12. v. f.*

Vénus Physique. 1751. — L'Origine des Puces. 1749. — Diatribe du Docteur Akakia. *Rome*, 1752, *in-12. v. jaspé.*

Dissertation physique à l'occasion du Negre-blanc. *Leyde*, 1744, *in-12. basanne.*

L'Histoire des imaginations extravagantes de M. Oufle. *Paris*, 1712, 2 *vol. in-12. v. b.*

Traité sur les apparitions des Esprits & sur les Vampires, ou les Revenans de Hongrie, de Moravie, &c. par Dom Calmet. *Paris*, 1751, 2 *vol. in-12. v. jaspé.*

Traité historique & dogmatique sur les Apparitions, par M. l'Abbé Lenglet du Fresnoy. *Paris*, 1751, 2 *vol. in-12. v. jaspé.*

Recueil de Dissertations anciennes & nouvelles sur les Apparitions, les Visions, &c. par M. l'Abbé Lenglet du Fresnoy. *Paris*, 1751, 2 *vol. in-12. v. jaspé.*

Histoire critique des Pratiques superstitieuses, par le P. le Brun, de l'Oratoire. *Paris*, 1732, 4 *vol. in-12. v. m.*

N°. LI. 130 *vol. in-8. & in-12. dont:*

Examen du Fatalifme. *Paris*, 1757, 3 *vol. in-12. v. m.*

Hiftoire admirable de la poffeffion & converfion d'une pénitente, féduite par un Magicien, &c. *Paris*, 1614, *in-8. v. f.*

Hiftoire du Diable, trad. de l'anglois. *Amft.* 1729, 2 *tom. rel. en* 1 *vol. in-12. v. f.*

Des Satyres, Brutes, Monftres & Démons, par F. Hedelin. *Paris*, 1627, *in-8. v. m.*

Hiftoire des Diables de Loudun, ou de la poffef-fion des Religieufes Urfulines & de la condam-nation & du fupplice d'Urbain Grandier. *Amft.* 1616, *in-12. v b.*

Examen & Difcuffion critique de l'Hiftoire des Diables de Loudun, par M. de la Menardaye. *Liege*, 1749. *in-12. v. jafpé.*

Le Monde enchanté, par Bekker. *Amft.* 1694, 4 *vol. in-12. v. b.*

Dialogue de la Lycantrophie, ou transformation d'Hommes en Loups, vulgairement dits Loups garous, par le Prieur. *Louvain*, 1596, *in-8.*

La Singerie des Huguenots, Marmots & Guenons de la nouvelle dérifion Théodobefzienne, par Artus Defiré. *Paris*, 1574, *in-8. v. b.*

Difcours politiques & militaires du fieur de la Noue. *Lyon*, 1595, *in-16. parch.*

Le Secret des Finances de France, par N. Frou-menteau. 1581, *in-8. v. jafpé.*

Le Moyen de devenir riche, par Bernard Paliffy. *Paris*, 1636, *in-8. v. b.*

Elémens

litt. del papel in flor. libr. m[...] tilliard. 72#

Elémens philofophiques du Citoyen, par Thomas Hobbes. *Amft.* 1649, *in-8. v. b.* . . . . . 2.

L'Origine des Dieux du Paganifme, par M. Bergier. *Paris*, 1767, 2 *vol. in-12. v. m.* . . 2..8

Difcours politiques de M. Hume, trad. de l'anglois. *Paris*, 1754, 2 *vol. in* 12. *v. m.* . . 3.19

Le Fléau des Démons & Sorciers, par J. Bodin. *Nyort*, 1596, *in-8. parch.* . . . . . -1..

L'Anti-Démon de Mafcon, ou la Relation pure & fimple des principales chofes qui ont été faites & dites par un demon il y a quelques années dans la ville de Mafcon, en la maifon du fieur Perreaud, par ledit fieur Perreaud. *Geneve*, 1656, *in-8. parch.* . . . . 1..16

Difcours des Sorciers, avec fix advis en faict de forcelerie, par Henri Boguet. *Lyon*, 1608, *in-8. parch.* . . . . 2..8

N°. LII. 76 vol. in-4. dont : . . . 11

Hiftoire des Papes depuis St. Pierre jufqu'à Benoît XIII inclufivement, par Bruys. *La Haye,* 1732, 4 *vol. in-4. gr. pap.* & *le cinquieme en pet. papier.* 72

Hiftoire du Concile de Pife, par Jacques Lenfant. *Amft.* 1724, 2 *vol. in-4. v. b.*

Hiftoire de la guerre des Huffites & du Concile de Bafle. *Utrecht*, 1731, 2 *tom. en* 1 *vol. in - 4. v. br.*

Hiftoire du Concile de Conftance, par Jacques Lenfant. *Amft.* 1714. 2 *vol. in* 4. *v. b.*

Hiftoire du Concile de Trente, trad. de l'ital. de

I

Fra-Paolo Sarpi , par le Courayer. *Amst.* 1736, 2 *vol. in-4. v. b.*

La Religion des Gaulois , tirée des plus pures four-ces de l'antiquité. *Paris,* 1727, 2 *vol. in - 4. v. b.*

Histoire de l'Eglise & de l'Empire depuis la naissance de J. C. jusqu'à la fin du Xe. siecle , par le Sueur. *Amst.* 1730 , 4 *vol. in-4. v. b.*

Histoire Ecclésiastique , par M. Fleury. *Paris,* 1691, 37 *vol. in-4. v. b.*

Histoire générale d'Allemagne , par le P. Barre. *Paris ,* 1748 , 11 *vol. in-4. v. m.*

No. LIII. 143 *vol. in-4. in-8. & in-12.*

Les Vies des Hommes illustres de Plutarque , trad. en françois par M. Dacïer. *Amst.* 1734. 10 *vol. in-12. v. b.*

Histoire de Cicéron , tirée de ses écrits & des monumens de son siecle. *Paris,* 1743, 5 *vol. in-12. v. m.*

L'Art de peindre , Poëme par M. Watelet. *Paris ,* 1760, in-8. *fig. v. jaspé.*

Les Poésies du Roi de Navarre , avec des notes & un Glossaire françois, par M. l'Evesque de la Ravaliere. *Paris ,* 1742 , 2 *tom. rel. en* 1 *vol. in-12. v. m.*

Le Villebrequin de Maître Adam , Menuisier de Nevers. *Paris,* 1663, *in-12. baf.*

Noei Borguignon de Gui Barôzai. *Dijon ,* 1720, *in-12. v. f.*

Nouvelles en vers, par M. de la Fontaine, *Amst.* 1762 , 2 *vol. in-8. fig. — r. dent.*

la religion des gaulois. mr de st ceran.

les poesies du roi de navarre. mr de st ceran.

a villebrequin. mr de st ceran.

la farce de pathelin. un de st cevan.

Les oeuvres de clement marot. un de st cevan.

les oeuvres de racan. un de st cevan.

Fables choifies mifes en vers par M. de la Fontaine:
Paris, 1678, 2 vol. in-12. m. r.

Recueil des plus belles pieces des Poètes françois
tant anciens que modernes, avec l'hiftoire de
leur vie. Amft. 1692, 5 vol. in-12. v. f.

Le Roman de la Rofe, par Guillaume de Lorris &
Jean de Meun, dit Clopinel. Paris, 1735, 4 vol.
in-12. v. jafpé·

Les Œuvres de François Villon. Paris, Couftelier,
1723, in-8. v. b.

La Farce de Maiftre Pierre Pathelin, avec fon
Teftament à quatre perfonnages. Paris, Couftelier,
1723, in-8. v. b.

Les Poéfies de Martial de Paris, dit d'Auvergne.
Paris, Couftelier, 1724, 2 vol. in-8. v. f.

La Légende de Maître Pierre Faifeu. Paris, Couftelier, 1723, in-8. v. b.

Les Poéfies de Guillaume Cretin. Paris Couftelier,
1723, in-8. v· b.

Les Œuvres de Jean Marot. Paris, Couftelier, 1723,
in-8. v. b.

Les Arrêts d'Amour avec l'Amant rendu Cordelier
à l'Obfervance d'Amour, par Martial d'Auvergne, dit Paris. Amfterdam, 1731, 2 vol.
in-12. v. f.

Les Œuvres de Clément Marot. La Haye, 1700,
2 vol. in-12. m. r.

Marguerite de la Marguerite des Princeffes, très-
illuftre Royne de Navarre. Lyon, 1547, 2 vol.
in-8. v. b.

Les Œuvres de M. Honorat de Beuil, Chevalier
Seigneur de Racan. Paris, Couftelier, 1724,
2 vol. in-12. v. b.

Les Epîtres & autres Œuvres de Regnier, avec des remarques. *Londres*, 1730, 2 *vol. in-*8. *v. f.*

Les Œuvres de François de Malherbe, avec les observations de M. Ménage, &c. *Paris*, 1723, 2 *vol. in* 12. *v. b.*

Théâtre de Pierre Corneille, avec des Commentaires par M. de Voltaire. 1764, 12 *vol. in-*8. *fig. v. m.*

Le Royaume de France & les Etats de Lorraine en forme de Dictionnaire, par M. Doisy. *Paris*, 1753, *in-*4. *v. m.*

Voyage de la Louisiane, par le P. Laval. *Paris*, 1728, *in-*4. *fig. v. jaspé.*

Méthode pour étudier l'Histoire, par M. l'Abbé Lenglet du Fresnoy. *Paris*, 1729, 6 *tom. rel. en* 5 *vol. in-*4. *gr. pap. v. b.*

Discours sur l'Histoire universelle, par M. Bossuet. *Paris*, 1681, *in-*4. *v. m.*

Histoire de l'ancien & du nouveau Testament & des Juifs, par le P. Calmet. *Paris*, 1737, 4 *vol. in-*4. *v. m.*

N°. LIV. 153 *vol. in-*8. *& in-*12. *dont :*

Les Métamorphoses d'Ovide trad. en françois par M. Duryer. *Amsterdam*, 1718, 3 *vol. in-*12. *fig. v. br.*

Métamorphoses d'Ovide en rondeaux. *Amst.* 1679, *in-*12. *fig. v. b.*

Les Métamorphoses d'Ovide, trad. en françois par M. l'Abbé Banier. *Paris*, 1738, 3 *vol. in-*12. *basanne.*

Nouvelle Traduction des Métamorphoses d'Ovide,

les epitres de regnier. m.r de st cenan.

theatre de corneille. m.r de st cenan.

le voyan me de france. m.r de st cenan.
voyage de la louisiane. m.r de st cenan.

discours de bossuet. m.r de st cenan.

Yz.   45.e virgule de l'Abbé des
fontaines

par M. de Fontanelle. *Paris*, 1767, 2 *vol. in*-8, *fig. v. m.*

M. Annæi Lucani Pharsalia. *Londini*, 1719, *in*-12. *v. br.* . . . . 2 . 10

Phædri Aug. Liberti Fabularum æsopiarum, libri quinque. *Londini*, 1713, *in*-12. *v. b.* . . . . 1 . 14

Martialis Epigrammata. *Londini*, 1716, *in*-12. *v. br.* . . . . 2 . 14

Juvenalis & Persii Satyræ. *Londini*, 1716, *in*-12. *v. br.* . . . . 1 . 18

Marcelli Palingenii Zodiacus vitæ. *Roterodami*, 1722, *in*-8. *v. b.* . . . . 7 . 4

P. Virgilii Maronis Opera. *Londini*, 1715, *in*-12. *v. br.* . . . . 4 .

Les Œuvres de Virgile, trad. en françois par M. l'Abbé des Fontaines. *Paris*, 1743, 4 *vol. in*-8. *gr. pap. fig. v. m.* 45

Les Œuvres de Virgile en latin & en françois, trad. nouvelle par M. Lalande de St. Remy. *Paris*, 1751, 4 *vol. in*-12. *v. m.* . . . . . . 6 . 14

Quinti Horatii Flacci Opera. *Londini*, 1715, *in*-12. *v. br.* . . . . 2 . 6

Traduction en prose de Catulle, Tibulle & Gallus. *Amst.* 1771, 2 *vol. in*-8. *v. éc.* . . . . 9 . 11

P. Virgilii Maronis Opera. *Parisiis*, 1748, *in*-12. *v. m. d. f. t.* . . . . 4 .

Les Œuvres d'Horace trad. en franç. par M. Dacier. *Paris*, 1691, 10 *vol. in*-12. *v. b.* . . . 5 . 5

P. Ovidii Nasonis Opera. *Londini*, 1715, 3 *vol. in*-12. *v. b.* . . . . 8 .

Les Comédies de Plaute, nouv. Traduction par M. de Gueudeville. *Leyde*, 1719, 10 *vol. in*-12. *v. f.* 14

3 Titi Lucretii cari de rerum naturâ libri fex. *Londini*, 1713, *in-12. v. b.*

4—6 Catulli, Tibulli & Propertii Opera. *Londini*, 1715, *in-12. v. b.*

48 M. Tullii Ciceronis Opera. *Parifiis, Barbou*, 1768, 14 *vol. in-12. v. f. d. f. t.*

7 Réflexions critiques fur la Poéfie & fur la Peinture, par M. l'Abbé Dubos. *Paris*, 1733, 3 *vol. in-12. v. m.*

N°. L V. 167 *vol. in-8. & in-12. dont :*

9—14 Dictionnaire du vieux langage françois, par M. la Combe. *Paris*, 1766, 2 *vol. in-8. v. m.*

Le Dictionnaire des Halles, ou extrait du Dictionnaire de l'Académie Françoife. *Bruxelles*, 1696, *in-12. v. b.*

8—5 L'Apothéofe du Dictionnaire de l'Académie. *La Haye*, 1696, *in-12. v. b.*

L'Enterrement du Dictionnaire de l'Académie. 1697, *in-12. v, b.*

Réponfe à une critique fatyrique intitulée : L'Apothéofe du Dictionnaire de l'Académie françoife. *Paris*, *in-12. v. b.*

5—7 Dictionnaire des Proverbes françois, par M. Backer. *Bruxelles*, 1710, *in-12. v. b.*

4 De l'Amitié. *Amft.* 1764. — Des Paffions, par l'Auteur du Traité de l'Amitié. *Londres*, 1764, *in-8. v. m.*

10 Dictionnaire comique, fatyrique, critique, burlefque, libre & proverbial, par Jofeph le Roux. *Lyon*, 1735, *in-8. v. f.*

4—4 L'Homme inconnu, ou les équivoques de la Lan-

reflexions sur la poesie. mr de st cevan.

Dictionnaire du langage. mr de devillevoy.
Dictionnaire des halles. mr de st cevan.

Dictionnaire des proverbes. mr de devillevoy. mr de

Dictionnaire de levoix. mr de de villevoy. mr la maillardiere 2e

traité des jeux de thiers. mr pertuis.
traité d'henri etienne. mr de st cevan.

des esopes. mr de st cevan.

traité des danses. mr pertuis.

leonard de vincy. mr de st cevan.

gue, dédié à Bacha Bilboquet. *Paris*, 1722.
Le grand Myftere & l'Art de méditer fur la
garderobe. *La Haye*, 1729. —— Penfées hafar-
dées fur les Etudes, la Grammaire, la Rhétorique.
La Haye, 1729, *in-*12. *v. m.*
Le grand Dictionnaire des Prétieufes, par le fieur
de Somaize. *Paris*, 1661, 2 *tom. rel. en* 1 *vol.*
*in-*8. *v. jafpé*. _ . . . .   15..15
Le grand Dictionnaire des Prétieufes, ou la clef
de la Langue des Ruelles. *Paris*, 1660, *in-*12.
v. éc. _ . . . .   3..4
Traité du Jeu, où l'on examine les principales
queftions de droit naturel & de morale qui ont
rapport à cette matiere, par Jean Barbeyrac.
Amft. 1737, 3 *vol. in-*8. *v. b.* _ . . . 3..16
Traité des Jeux & des Divertiffemens, par Thiers.
Paris, 1688, *in-*12. *v. b.* _ . . . .3...15
Traité de la conformité du langage françois avec le
grec, par Henri Eftienne. *Paris*, 1569. —— Pro-
jet du Livre intitulé : De la précellence du Langage françois, par Henri Eftienne. *Paris*, 1579,
*in-*8. *v. m.* _ . . . .   10...5
Chiromance & Phyfionomie par les regards des
membres de l'homme, faites par Jean de Indu-
gine. *Lyon*, 1577, *in-*8. *parch.* _ . . .   2...2
Des Tropes, ou des différens fens dans lefquels
on peut prendre un même mot dans une même
langue, par M. du Marfais. *Paris*, 1730, *in-*8.
v. jafpé. _ . . . .   4....40
Traité des Danfes, auquel eft amplement réfolue
la queftion à favoir s'il eft permis aux Chrétiens
de danfer. 1579, *in-*12. *fig.* _ . . .   1....18
Traité de la Peinture, par Leonard de Vincy. *Pa-*
Paris 1716 *in-...* _ . _ . _ .   14....192

Traité de la Peinture & Sculpture, par MM. Richardfon pere & fils. *Amft.* 1728, 3 *vol. in-*8. *v. br.*

Conférence de M. le Brun fur l'expreffion générale & particuliere, enrichie de figures. *Amft.* 1718, *in-*12. *v. f.*

Ecole de Cavalerie, contenant la connoiffance, l'inftruction & la confervation du cheval, par M. de la Gueriniere. *Paris,* 1736, 2 *vol. in-*8. *fig. v. b.*

Recueil de pieces relatives à la queftion des naiffances tardives. *Amfterdam,* 1766, 3 *vol. in-*8. *v. m.*

Hiftoire anatomique d'une groffeffe de vingt-cinq ans, par M. Bayle. *Touloufe,* 1678, *in-*12. *v. br.*

Hiftoire des Drogues, Epiceries, & certains Médicamens fimples qui naiffenr ês In les tant Orientales que Occidentales, trad. de M. la Cofte, par Nic. Monard. *Lyon,* 1602, *in-*8. *fig. vel. lavé réglé.*

Dictionnaire de Chymie, par Macquer. *Paris,* 1766, 2 *vol. in-*8. *v. m.*

Récréations Mathématiques & Phyfiques, par M. Ozanam. *Paris,* 1741, 4 *vol. in-*8. *v. m.*

N°. L V I. 69 vol. in-4. dont :

Les Chroniques de France, compofées par Robert Gaguin. 1516, *in-fol. goth.*

Pieces fugitives pour fervir à l'Hiftoire de France. *Paris,* 1759, 3 *vol. in-*4. *v. m.*

Abrégé chronologique, ou extrait de l'Hiftoire de France

oire des drogues. mr de St Cevan.

ctionnaire de chimie. mr de St Cevan.

œuvres d'alain chartier. ms de st cevan.

histoire de bayard. ms de st cevan.
la vie de la noue. ms de st cevan.
histoire de la maison de medicis ms de st cevan.

bibl. de napelles m flor) 24

œuvres de fauchet. ms de devillevoy.

France, par le fieur de Mezeray. *Paris*, 1668,
3 *vol. in-4. v. brun.*

Comparaifon des deux Hiftoires de M. de Mezeray
& du P. Daniel, par Daniel Lombard. *Amft.*
1733, *in-4. v. f.* . . . . 5 .. 2

Traités des Tournois, Jouftes, Carroufels & autres
Spectacles publics. *Lyon*, 1659, *in-4. v. b.* . . 5 .. 19

Les Œuvres de Maiftre Alain Chartier, contenant
l'hiftoire de fon temps, l'Efpérance, le Curial,
le Quadrilogue & autres pieces. *Paris*, 1617,
in-4. gr. pap. v. b. 13

Hiftoire du Chevalier Bayard, par Theodore Godefroy. *Paris*, 1616, *in 4. velin.* . . . . 5 .. 10

La Vie de François, Seigneur de la Noue, dit
Bras de fer, par Moyfe Amirault. *Leyde, Elze-*
vier, in-4. velin. . . . . 10 .. 4

Hiftoire des Hommes illuftres de la Maifon de Médicis. *Paris*, 1564, *in-4. mar. bleu doublé de*
mar. rouge. 24

Hiftoire des Guerres d'Italie, trad. de l'italien de
François Guichardin. *Londres*, 1738, 3 *vol.*
in-4. v. m. 9

Hiftoire du Royaume de Naples, trad. de l'italien de P. Giannone. *La Haye*, 1742, 4 *vol.*
in-4. v. m. . . . . 24 .. 5

Hiftoire critique de l'établiffement de la Monarchie
Françoife dans les Gaules, par M. l'Abbé Dubos.
Paris, 1733, 3 *vol. in-4 v. m.* . . . . . 11 .. 15

Les Œuvres de feu M. Claude Fauchet, premier
Préfident à la Cour des Monnoyes. *Paris*, 1610,
in-4. parch. . . . . 6 .. 10

La Vie de Saint François, Inftituteur de l'Ordre
des Freres Mineurs, par le Pere Candide Cha-   5

lippe , Recollet. *Paris* , 1738 , *in-4. gr. pap. mar. rouge.*

25..4 Paufanias , ou Voyage hiftorique de la Grece, trad. en françois par M. l'Abbé Gedoyn. *Paris,* 1731 , 2 *vol. in-4. v. m.*

28.. Les Antiquités Romaines de Denys d'Halicarnaffe , trad. en françois par Bellanger. *Paris ,* 1723 , 2 *vol. in-4. gr. pap. v. b.*

N°. LVII. 200 *vol. in-4. in-8. & in-12. dont :*

3..13 La Vie de Pythagore , fes fymboles & fes vers dorés. *Paris ,* 1706 , 2 *vol. in-12. v. b.*

3..10 Hiftoire des fept Sages , par M. de Larrey. *La Haye,* 1721 , 2 *vol. in 8. v. f.*

4..16 Les Journées amufantes , par Mde. de Gomez. *Paris ,* 1628 , 4 *vol. in-12. v. b.*

24.... Hiftoire des Chevaliers Hofpitaliers de St. Jean de Jérufalem , appellés aujourd'hui les Chevaliers de Malte , par M. l'Abbé de Vertot. *Paris,* 1726, 4 *vol. in-4. fig. v. b.*

2.... La Vie de St. Bafile le grand , par M. Hermant. *Paris ,* 1679 , 2 *vol. in-4. v. b.*

26..19 Commémoration & avertiffement de la mort de Madame Anne , deux fois Reine de France, Ducheffe de Bretagne , &c. en vers , *in-fol. MS. fur Velin , avec Miniatures.*

3..19 { De l'Ufage des Romans , par l'Abbé Lenglet du Frefnoy. *Amfterdam ,* 1734, 2 *vol. in-12. v. b.* L'Hiftoire juftifiée contre les Romans , par le même. *Amft.* 1735 , *in-12. v. b.*

1..10 Voyage merveilleux du Prince Fanferedin dans la Romancie. *Paris ,* 1735 , *in-12. v. b.*

pausanias. mv deft cevau.

voyage de faufe vedin. nu merigot. 3.ᵗ

histoire du ciel. mr de st cevan.

theatre de la foire. mr de villevoy.

dancourt. mr de st cevan.
brueys. mr de st cevan.

lagrange chancel. mr de st cevan.

dufresny. mr de beauharnois. mr de st cevan.

Tarsis & Zélie, par le Vayer de Boutigny. *La Haye,*
1720, 3 *vol. in-*12. *v. m.* — — — — — — 5

Le Théâtre Anglois, trad. par M. de la Place. 6 *vol.*
*in-*12. *v. m.* — — — — — — — — 3..8

Histoire du Ciel, avec le Supplément, par M. Plu-
che. *Paris,* 1739, 3 *vol. in-*12. *v. jaspé.* — — 6..10

Le Théâtre de la Foire, ou de l'Opéra Comique, par
MM. le Sage & d'Orneval. *Paris,* 1721, 6 *vol.*
in 12. *v. jaspé.* — — — — — — — 20

Le Théâtre Italien, par Gherardi. 6 *vol. in-*12.
v. jaspé, — — — — — — — — 4

Le nouveau Théâtre Italien. *Paris,* 1729, 14 *vol.*
*in-*12. *v. jaspé.* — — — — — — — 15..1.

N°. LVIII. 216 *vol. in-*8. & *in-*12.

Les Œuvres de M. Dancourt. *Paris,* 1729, 9 *vol.*
*in-*12. *v. f.* — — — — — — — 11..15

Les Œuvres de Théâtre de M. de Brueys. *Paris,*
1735, 3 *vol. in-*12. *v. jaspé.* — — — — 4..19

Les Œuvres de Regnard. *Paris,* 1731, 5 *vol.*
*in·*12. *v. f.* — — — — — — — 6..1.

Œuvres de M. de la Grange Chancel. *Paris,* 1735,
3 *vol. in-*12. *v. m.* — — — — — 5

Œuvres de M. Riviere du Fresny. *Paris,* 1747,
4 *vol. in-*12. *v. m.* — — — — — 8..19

Théâtre de Danchet. *Paris,* 1751, 4 *vol. in-*8.
v. m. — — — — — — — 5..12

Œuvres de Théâtre de M. de Boissy. *Paris,* 1735,
6 *vol. in-*8. *v, m.* — — — — — 8

Le Théâtre de P. & T. Corneille. *Paris,* 1733,
10 *vol. in-*12. *v. b.* — — — — — 14..10

10 – 19 Le Théâtre de M. Quinault. *Paris*, 1715, 5 vol. *in*-12. *v. b.*

Les Œuvres de Moliere. *Paris*, 1739, 8 vol. *in*-12. *v. jafpé.*

6 – 4 Les Œuvres de feu M. Bourfault. *Paris*, 1725, 3 vol. *in*-12. *v. f.*

5 – 19 Les Œuvres de Théâtre de M. Hautéroche. *Paris*, 1742, 3 vol. *in*-12. *v. m.*

5 – 1 Théâtre de M. le Grand. *Paris*, 1731, 4 vol. *in*-12. *v. jafpé.*

13 – 15 Théâtre François, ou Recueil des meilleures pieces de Théâtre. *Paris*, 1737, 12 vol. *in*-12. *veau jafpé.*

4 – 6 Le Paradis perdu de Milton, trad. de l'anglois. *Paris*, 1729. 3 vol. *in*-12. *v. b.*

12 – 12 Œuvres diverfes de Pope, trad. de l'anglois. *Amft.* 1758, 7 vol. *in*-12. *v. m.*

D 14 – 5 Hiftoire du Théâtre François, par M. Parfait. *Paris*, 1745, 15 vol. *in*-12. *v. m.*

D 7 – La Lufiade du Camoens, trad. du Portugais, par M. Duperron de Caftera. *Amft.* 1735, 3 vol. *in*-12, *v. f.*

2 – 11 Le Vice puni, ou Cartouche, Poëme. *Paris*, 1725, *in*-8. *fig. v. jafpé.*

2 – Nouvelle Traduction de Roland l'Amoureux, de Matheo-Maria Boyardo, Comte de Scandiano. *Paris*, 1720, 2 vol. *in*-12. *fig. v. b.*

D 8 – 12 Roland Furieux, Poëme héroïque de l'Ariofte; traduction nouvelle par M. de Mirabeau. *La Haye*, 1741, 4 vol. *in* 12. *v. m.*

24 – 1 Gierufalemme liberata di Torquato Taffo. *Amft.* 1678, 2 vol. *in*-24. *m. r.*

quinault. vie de beauharnois. mr de st revan.

bourgault. mr de st revan.
hanteroche. mr de st revan.

milton. mr de st revan.

la luziade. mr de st revan.

roland l'amoureux. mr de st revan.

roland furieux. mr de st revan.

vergier. mr de st trevan.

recueuil de quay trouvé en flou 8

les soupiers de la france. mr de st trevan.

recueil de florimont rapine. mr de st trevan.

Il Paftor Fido del Signor Cavalier Battifta Guarini.
  Amft. 1678 , *in-24. mar. verd.*
L'Adone , Poëma heroïco del C. Marino. *Amft.*
  1678 , *4 vol. in-24. m. citr.*
Œuvres diverfes de M. Roufleau. *Amft.* 1729,
  3 *vol. in-12. v. b.*   4
Les Œuvres de Louis Racine. *Paris ,* 1742, 4 *vol.*
  in-12. v. éc.   3..2
Œuvres diverfes de M.Vergier. *Amft.* 1731,4 *vol.*
  in-12. v. f.   6

N°. LIX. 63 *vol. in-4. dont :*

Hiftoire univerfelle de Jacques-Augufte de Thou.
  Londres , 1734, 16 *vol. in-4. v. m.*   48..10
Jugement de tout ce qui a été imprimé contre le
  Cardinal Mazarin, par Naudé. *in-4. v. b.* 717
  pages.   6..1
Hiftoire du Vicomte de Turenne, par Ramfay.
  Paris , 1735 , 2 *vol. in-4. fig. gr. pap. v. m.*   13..6
Hiftoire Militaire du Duc de Luxembourg, conte-
  nant le détail des marches, campemens, &c.
  en Flandre, par le Chevalier de Beaurain. *La*
  Haye , 1756, *in 4. fig. v. m.*   3
Mémoires de M. du Guay Trouin , Lieutenant-Gé-
  néral des Armées navales 1740. *in - 4. fig.*
  v. m.   6..15
Les Soupirs de la France efclave qui afpire après
  la liberté. *Amft.* 1690, *in-4. v. b.* en XV. Mé-
  moires. très-rare.   60
Mémoires de Philippe de Mornay , Seigneur du
  Pleffis Marli. 1624, 4 *vol. in-4. v. b.*   20..1.
Recueil très-exact de tout ce qui s'eft paffé de fingu-   3

lier en l'Assemblée des Etats tenus à Paris en 1614 , par Florimont Rapine. *Paris* , 1651 , *in-4. parch.*

Histoire universelle de M. de Thou. *La Haye* , 1740 , 11 *vol. in-4. v. m.*

N°. LX. 124 *vol. in-4. in-8. & in-12. dont :*

Œuvres de Brantome. *La Haye* , 1740 , 15 *vol. in-12. v. m.*

Œuvres de François Rabelais , avec des remarques. 1732 , 6 *vol. in-8. v. m*

Mémoires de Philippe de Comines , avec des remarques , par l'Abbé Lenglet du Fresnoy. *Paris,* 1747 , 4 *vol. in-4. v. m.* Avec les Portraits d'Odieuvre , & la Dédicace au Maréchal de Saxe.

Mémoires de Condé , avec les notes de MM. Secousse & Lenglet du Fresnoy. *Londres* , 1743 , 6 *vol. in-4. v. m.*

Les Bigarrures & Touches du Seigneur des Accords. *Paris* , 1662 , *in-12. v. b.*

Discours fantastiques de Justin Tonnelier. *Lyon* , 1575 , *in-16. parch.*

Recueil de Pieces dont : Les Pseaumes des Courtisans. 1620. —— La Magie des Favoris. —— Le De Profundis sur la mort de Luynes. 1622. —— Confession générale du Seigneur Conchine. 1617. —— Les Charmes de Conchine , desquels il devoit se servir pour éviter les coups de pistolet. —— Harangue de la Marquise d'Ancre étant sur l'échafaud. —— La Médée de la France dépeinte en la personne de la Marquise d'Ancre, &c. *in-8. v. m.*

memoires de comines. mr de flecevau.

Discours fantastiques. mr pertuis.

Cheptameron. m' de st cevan.

les contes de des perriers. m' de st cevan.

les contes de pogge. d. pateust.

L'Héptameron , ou Histoire des Amans fortunés , par Marguerite de Valois , Reine de Navarre. 1698 , 2 *vol. in-*12. .... 5 .. 10

Contes & Nouvelles de Marguerite de Valois , Reine de Navarre. *La Haye* 1733 , 2 *vol. in-*12. *v. m.* .... 3 .. 19

Les Contes ou les nouvelles Récréations & joyeux Devis de Bonaventure des Perriers , avec les notes de M. de la Monnoye. *Amst.* 1735 , 3 *vol. in-*12. *v. m.* .... 7 .. 19

Les Contes & Discours d'Eutrapel , par Noël du Fail , Seigneur de la Herissaye. 1732 , 3 *vol. in-*12. *v. m.* .... 5 .... 1.

Il Decamerone di Giov. Boccacio. *In Londra* , 1727 , 2 *vol. in-*12. *v. b.* .... 5 .. 4

Contes & Nouvelles de Boccace , trad. en franç. *Cologne* , 1712 , 2 *vol. in-*8. *fig. v. b.* 9

Les Contes de Pogge. *Amst.* 1712 , *in-*12. *v. b.* .... 6 .. 5

Les Contes & Discours bigarrés du sieur de Cholieres , déduits en neuf Matinées. *Paris* , 1610 , 2 *vol. in-*12. *v. b.* .... 4 .. 18

Les Quinze joies de Mariage. *La Haye* , 1726 , *in-*12. *v. m.* .... 6 .. 10

Le Facétieux Réveil-Matin des Esprits mélancoliques , ou Remede préservatif contre les Tristes. *Rouen* , *in-*12. *parchemin.* .... 2 .. 8

Histoire de Saladin , par M. Marin. *Paris* , 1758 , 2 *vol. in-*12. *v. m.* .... 3 .. 2

Les Etrennes de la St. Jean , par M. le Comte de Caylus. *Troyes* , 1742 , *in-*12. *gr. pap. v. m.* .. 9

Les Œuvres de Maître François Rabelais. 1666. 2 *vol. in-*12. *v. b.* 6 4

5...19 Gongam, ou l'Homme prodigieux, transporté dans l'air, fur la terre & fous les eaux. *Paris*, 1712. 2 *vol. in-*12. *v. b.*

2...1. Le Voyage forcé de Becafort Hypocondriaque. *Paris*, 1709, *in-*12. *v. b.*

2...3. Le Supplément de Taffe Rouzi Friou Titave, aux Femmes & aux Maris. *Paris*, 1713, *in-*12. *v. m.*

3..... Le Démou marié. *La Haye*, 1748. — La Démone mariée. *La Haye*, 1748, *in-*12. *v. m.*

27.... Les Songes Drolatiques de Pantagruel, où font contenues plufieurs figures de l'invention de Maître François Rabelais. *Paris*, 1565, *in-*8. *v. éc.* La Préface eft manufcrite.

5..10 Hiftoire maccaronique de Merlin Coccaie, avec l'horrible bataille des Mouches & des Fourmis. 1734. 2 *vol. in-*12. *v. f.*

3...... Democritus ridens, five Campus Recreationum honeftarum, cum exorcifmo melancholiæ. *Amft.* 1749, *in-*12. *v. b.*

6...... Le Conte du Tonneau, trad. de Swift. *La Haye*, 1732, 3 *tom. rel. en* 1 *vol. in-*12. *v. b.*

2...3 Les trois Juftaucorps, conte bleu, trad. de Swift. *Dublin*, 1721, *in-*12. *v. m.*

4...1. Les Mondes Céleftres, Terreftres & Infernaux, tirés des Œuvres de Doni. *Lyon*, 1578, *in-*8. *gaté* parch.

6..14 Les Facétieufes Nuits de Straparole. 1726, 2 *vol. in-*12. *v. b.*

12...12 Serées de Guillaume Bouchet. *Rouen*, 1635, 3 *vol. in-*8. *m. r.*

6..10 Les Comptes du Monde aventureux. *Paris,* 1582, *in-*16. *v. m.*

Le

histoire macaronique. mr de st ervan.

le conte du tonneau. mr de st ervan.

les mondes celestes. mr pertuis.

escomptes avantureux. mr pertuis. mr de toulouse.

sethos. m.de de beauharnois.
contes de bocace. m.r de st cevan.

les dionisiaques. m.r bailly.

l'asne dor d'apulée. m.r de st cevan.

tiran le blanc. m.r de st cevan.

Le Chasse-ennui. *in*-12. Manque le Frontispice.

Les Œuvres de Bruscambille, contenant ses fantaisies, imaginations, &c. *Rouen, 1722, in.12.*
  v. m.

N°. LXI. *116 vol. in-8. & in-12. dont :*

Les Aventures de Télémaque, fils d'Ulysse, par
  M. de Fénélon. *Paris, 1717, 2 vol. in-12. fig.*
  v. éc.

Le nouveau Télémaque, ou Voyages & Aventures du Comte de * & de son fils. *La Haye,*
  1741, 4 tom. rel. en 2 vol. in-12. v. m.

Séthos, par l'Abbé Terasson. *Paris, 1731, 3 vol.*
  in-12. v. f.

Contes & Nouvelles de Boccace, trad. en franç.
  Amst. 1699, 2 vol. in-8. v. f. Figures de Rom.
  de Hooge.

Traité des Mesadventures des personnages signalés,
  trad. de Boccace, par Cl. Wittart. *Paris, 1578,*
  in-8. v. f.

Histoire de l'admirable Don Quichotte de la Man-
  che, trad. de Michel Cervantes. *Paris, 1741,*
  14 vol. in-12. fig. v. b.

Les Dionisiaques ou les Métamorphoses, les Voyages, les Aventures, &c. de Bacchus aux Indes,
  trad. de Nonnus, par Boitet. *Paris, 1625, in-8.*
  fig. v. f.

Les Métamorphoses, ou l'Asne d'or d'Apulée, trad.
  en françois. *Paris, 1707, 2 vol. in-12. figures,*
  v. br.

Histoire du vaillant Chevalier Tiran le Blanc. *Lon-*
  dres, 2 vol. in-8. v. m.

36. 6... 3. L'Argenis de Barclai, trad. par l'Abbé Joffe. *Chartres , 1732, 3 vol. in-12. v. b.*

50.. 5.. L'Amadis des Gaules , trad. par Nicolas de Herberai, Seigneur des Effars, &c. *Lyon , 1575, 24 vol. in-16 & in-8. m. r.*

6.... 1. Le Doyen de Killerine, par l'Abbé Prévoft. *La Haye , 1739 , 3 vol. in-12. v. m.*

11.... 4. Les Amours paftorales de Daphnis & Chloé, trad. du grec de Longus, par Amyot. *Paris , 1731 , in-8. fig. m. r.*

80.... Les Amours paftorales de Daphnis & Chloé, trad. du grec de Longus , par Amyot. 1718 , *in-8. m. r.* Edition originale, avec les figures gravées par B. Audran, d'après les deffeins de M. le Duc d'Orléans , Régent.

8.... Hiftoire de Don Belianis, de Grece. *Paris , 1625, 2 vol. in-8. v. b.*

N°. LXII. 136 vol. in-8. & in-12. dont :

6.... Hiftoire fecrette des Femmes galantes de l'antiquité. *Paris , 1726 , 6 vol. in-12. v. b.*

31.. 9.. Hiftoire fecrette de Don Antoine, Roi de Portugal. *Paris , 1696, in-12. m. r.*

32.. 10. Amours de Louis-le-Grand & de Mlle. du Tron. *Rotterdam , in-12. v. b.*

6.. 5. Carte géographique de la Cour , & autres galanteries , par Rabutin. *Cologne , 1668 , in-12. v. éc.*

1... 10 Hiftoire amoureufe de France. *Bruxelles , 1708, in-12. v. éc.*

16.. 19 Les Amours d'Anne d'Autriche, &c. *Cologne , 1693 , in-12. v. m.*

Clavgenis de barclai, mr de st cevan.

amours de Daphnis 1731 mr merigot 6.ᵗ

(vill. de belicaur) mr mengot bourguir)

histoire amoureuse des gaules. mr de st evran.

Les Amours de Henri IV, avec ſes lettres galantes.
    Amſt. 1744, in-16. v. m.   1 .. 17

La Précieuſe, ou le Myſtère de la Ruelle. Paris,
    1660, 4 tom. rel. en 2 vol. in-8. m. viol.   8 .. 1

Le Taureau banal de Paris. Cologne, 1689, in-12.
    v. m.   6 .. 8

Les Amours de Henri IV, avec les Lettres galantes
    & les Réponſes de ſes Maitreſſes. Cologne, 1736,
    in-12. v. f.   3 ... 10

Les Amours de Madame d'Elbeuf, nouvelle hiſto-
    rique. Amſt. 1739. in-12. v. m.   2 .. 4

Eſope en belle humeur. Bruxelles, 1693, in-12.
    fig. v. b.   2 .. 2

Le Chevalier hipocondriaque, par du Verdier. Pa-
    ris, 1632, in-8. v. m.   3 1

Hiſtoire amoureuſe des Gaules, par Buſſy Rabutin.
    Cologne, 1740, 4 vol. in-12. v. éc.   4 .. 15

N°. LXIII.

Cartes géographiques en porte-feuilles.
La Carte de la France, par M. de Caſſini, dans
    un porte-feuille.   240 .. 15

Lu & approuvé. A Paris, ce 1 Février 1783.
    FOURNIER, Adjoint.

*Les Livres seront exposés dans l'ordre
qui suit :*

Mercredi 12 Février.

Nᵒˢ. 2, 7, 16, 11, 12, 3.

Jeudi 13.

15, 15, 18, 19, 17, 59.

Vendredi 14.

58, 53, 54, 1, 4, 61.

Samedi 15.

47, 6, 55, 57, 52.

Lundi 17.

39, 40, 38, 43, 34, 41.

Mardi 18.

62, 20, 52, 60, 14.

Mercredi 19.

48, 49, 50, 51, 46.

Jeudi 20.

26, 32, 33, 35, 36.

Vendredi 21.

23, 42, 27, 26, 31.

Samedi 22.

30, 20, 21, 22, 28.

Lundi 24.

44, 44, 25, 18.

Mardi 25.

8, 9, 65, 45.

M. Bayne doit - - - - - - - 550.ᵗ 15ˢ

M. Goudouin Notaire rue

de vatte fils au marais

p.^{ro} Vacaciones — — — — — — — — — 636 .. 4

2.º — — — — — — — — — — 601 .. 10

3.º — — — — — — — — — 970 .. 15

4. — — — — — — — — 765 .. 15

5. — — — — — — — — 886 .. 5

6. — — — — — — — — 1613 .. 17

7. — — — — — — — — 688 .. 10

8. — — — — — — — — 632 .. 15
____

6795 .. 11

9. — — — — — — — — 1310 3

10. — — — — — — — 1489 7

11. — — — — — — 2591 19

12. — — — — — — 3744 7

13. — — — — — — 1379 5

14. — — — — — — 1263 8

15. — — — — — — 1447 2

Total — — — — — — 21176 .. 16